故園畫憶

庚寅中秋

韩启德题

故园画忆系列
Memory of the Old Home in Sketches

老烟画中的风景
Scenery in the old Cigarette Cards

李德生 收藏　李德生　王 琪　撰文
From the collection of Li Desheng Text by
Li Desheng & Wang Qi

學苑出版社
Academy Press

图书在版编目（CIP）数据

老烟画中的风景 / 李德生收藏；李德生，王琪撰文. —北京：学苑出版社，2011.4

（故园画忆系列）

ISBN 978-7-5077-3762-2

Ⅰ.①老… Ⅱ.①李… ②王… Ⅲ.①卷烟－商标－中国－民国－图集 ②名胜古迹－介绍－中国 Ⅳ.①K928.7 ②J524.4

中国版本图书馆CIP数据核字(2011)第053678号

出 版 人： 孟 白
出版发行： 学苑出版社
社　　址： 北京市丰台区南方庄2号院1号楼
邮政编码： 100079
网　　址： www.book001.com
电子信箱： xueyuan@public.bta.net.cn
销售电话： 010-67675512、67678944、67601101（邮购）
经　　销： 全国新华书店
印 刷 厂： 北京信彩瑞禾印刷厂
开本尺寸： 889×1194 1/24
印　　张： 7.75
字　　数： 100千字
图　　幅： 147幅
版　　次： 2011年4月北京第1版
印　　次： 2011年4月北京第1次印刷
定　　价： 48.00元

目　录

Contents

老烟画中的风景

李德生

烟画也叫“洋画”、“毛片”、“香烟牌子”、“花纸”等，因地域不同，名称各异。它是旧日香烟包中附赠的一种小广告，大的5.3cm×6.4cm；小的只有4.5cm×3.2cm左右。因为印制精美、内容丰富，深为时人喜爱。在20世纪上半叶曾经风靡一时，与邮票、钱币并称为世界三大收藏。

烟画是美国人发明的。1875年，美国里士满的“阿伦-金特”公司开始生产五枝、十枝一包的纸卷香烟。为了解决包装松软的问题，金特公司把一枚枚印有彩色图画的硬纸片放入烟包内，可以使烟包挺括，香烟不易折断。另外，这种小画片也算是厂家回赠给顾客的一种小礼物。顾客一边吸烟，一边欣赏美丽的画片，这在印刷品尚不普及的时代，也是件十分愉快的事情。

1886年，卷烟传进中国并很快就普及开来。在利润的驱使下，英国、美国、日本争先恐后地在沪建厂生产香烟。为了推销产品，他们大量印制各种精美的宣传品，拉拢烟民，争夺市场。在设计香烟画片上更是绞尽了脑汁。为了迎合中国人的口味，日本商人率先把“中国大美人”和“华夏风光”印到烟画上。从此，开创了西洋烟画中国化的先河。

1902年，美国烟草公司与英国帝国烟草公司联合，成立了国际垄断性质的英美烟草公司；随着中国民族烟草工业的崛起，广东南洋兄弟烟草公司也于1905年成立；加之其他百十家小烟厂的参与，在中国的土地上展开了一场旷日持久的烟草大战。作为商战的宣传尖兵——烟画，承担着争夺市场的重任。当年，享誉一时的大画家吴友如、胡伯翔等人也都跻身其间，创作了无数精美的烟画作品。在20世纪上半叶，出品了一系列优美的风景烟画，如《中国名胜》《泰山风光》《江南风物》《西湖美景》等大套的风景画片，记写了祖国大好山河的万种风情。

笔者有幸收藏了一万多枚烟画，其中风景名胜占有相当的比重。恰巧中国的学苑出版社正在组织出版一套“故园画忆”丛书，拟用昔日的图画来展示故园旧貌。责任编辑杨雷女士与笔者进行了几次函商之后，就决定一起编纂这本图册。本书重点选用日本村井兄弟商会社在1904年出版的《古塔》，英美烟草公司在1920年、1925年出版的《古桥》《中国名胜》《泰山风光》等影响较大的烟画作品。此外，笔者还精选了启东烟草公司在1934年出版的特大张彩色烟画《中国风景名胜》，规格为14cm×22.2cm，一总编入本书。这种烟画原是放置在大包装的香烟盒内的赠品，发行量不多，存世更为稀少。

这些作品，大多是采用石印技术印制的，人工分色制版、人工调色印制，乍一看来并不感到特别神奇，而当你把它放在放大镜下观看时会大吃一惊，画面几乎都是由密密麻麻的不同色点、色块组成，有一种光色交融的奇特而又逼真的效果，俨然是一帧“点彩派”的作品。这也正是石印烟画的迷人之处。本书的另一个看点是，一些在烟画上曾被为著名古迹推崇宣传的景点和建筑物，由于多种原因如今已不存在，而且消失得无影无踪了。唯有这些老画片，依然展现着它们七八十年前的风采。

Scenery in the old Cigarette Cards

Li Desheng

Cigarette cards go under many names in Chinese: such as "Yanghua" (foreign picture), "Maopian", "xiangyan paizi" (cigarette cards" and "Huazhi" (flowery paper), etc. The appellation varies in different areas. A Cigarette card is a kind of small advertisement attached to the old-time cigarette pack as a gift. Its size ranges from 4.5x3.2 cm to 5.3x6.4 cm. It was deeply loved by people at that time for its exquisite pattern and rich content. In the first half of the 20th century, it was all the rage and regarded as one of the three major collection items in the world; the other two were stamps and coins

The cigarette card was invented in America. In 1875, Allen & Ginter Company in Richmond, America, began to produce packs of cigarettes. A pack might have five or ten cigarettes. To solve the problem of loose packaging, Mr. Ginter put cards printed with coloured patterns into the packs so that the packs became stiff and neat and cigarettes inside wouldn't break. Besides, the small cards could also be regarded as gifts given by the cigarette manufacturers to the customers in return. It was a great pleasure to smoke and at the same time, appreciate beautiful pictures when printed matter was not widespread.

In 1886, the cigarette was introduced into China and quickly spread. Driven by profit, Britain, America and Japan strove to be the first to build factories in Shanghai to produce cigarettes. In order to promote the sales of products, they printed large numbers of various kinds of exquisite publicity materials to ensnare smokers and grab the market. They racked their brains in designing the cigarette cards. The Japanese business people took the lead in printing the "beauties of China" and "Chinese landscape", breaking a path for the "sinification" of the cigarette cards. American Tobacco Company and The Imperial Tobacco Company of Britain merged to become the international monopoly British-American Tobacco Company Limited in 1902. With the rising of the national tobacco industry of China, Guangdong Nanyang Brothers Tobacco Company was also set up in 1905. Moreover, about one hundred small tobacco factories also joined hands with it to launch a time consuming tobacco war. As the publicity pioneer in the trade war, cigarette cards shouldered the important task of seizing the market. At that time, famous painters created numerous fancy cigarette cards. In the first half of the 20th century, a series of beautiful landscape cigarette pictures were produced, such as the large sets of coloured cards titled "Tourist Attractions of China", "Scenery of Taishan Mountain", "Scenery of South China" and "Scenes of West Lake". The author is fortunate to have collected over 10,000 cigarette cards, with those of landscape and tourist attractions occupying a fairly large proportion. Coincidently, Academy Press of China is about to publish a set of "Memories of Hometown through Paintings" series, with a view to presenting the old appearance of the hometown. After Ms. Yang Lei, editor-in-charge, and the author consulted by letter several times, they decided to compile the picture album together. They used such influential cigarette cards as "Ancient Tower" published by Murai Brothers Co., Ltd. of Japan in 1904, "Ancient Bridges", "Tourist Attractions of China" and "Scenery of Taishan Mountain" issued by British-American Tobacco Company Limited in 1920 and 1925 respectively. In addition, the author also picked the super large coloured cigarette picture titled "Tourist Attractions of China" published by Qidong Tobacco Company in 1934, measuring 140*222 mm. This kind of cigarette picture was originally placed in the large cigarette packaging as gifts, so its circulation was small and few such pictures can be found now.

Most of these works are printed by means of lithography, using the methods of artificial color separation plate making and artificial toning. The works look ordinary at first sight, but when you put it under a magnifier to look, you will be amazed because the picture is comprised of thickly dotted diversified color spots and pieces, obviously a work of Pointillism. It features a unique and vivid effect, blending light and color. It is the charm of the cigarette picture printed by means of lithography. Another attraction of the series is that some of the scenic spots and buildings which were represented as famous historic sites on the cigarette cards have disappeared without a trace.

御制咏蕉园诗

冰床声里过长湖，远岸人行似画图。
雪覆蕉园松突兀，云生古殿路虚无。
南临太液风铃语，北望琼华塔影孤。
屐齿几番游历处，空林已听噪归乌。

——[清] 爱新觉罗·弘历

琼华塔

（北京　西城）

琼华塔，位于北海公园太液池琼岛山顶，始建于清顺治八年（1651），俗称北海白塔。塔为砖、木、石的混合结构，由塔基、塔身、相轮、华盖、塔刹五个部分组成，呈覆钵式，通体白色。塔身高35.9米，上圆下方，富于曲线变化，婀娜多姿。

The White Pagoda at Beihai Park

Location: Beihai Park, Xicheng Distict,Beijing City

Formally named Qionghua Pagoda, it was originally built in 1651. It is a building made of brick, wood and stone.

（水彩）1934年　启东烟草股份有限公司出品

（水彩）1925年　英美烟草公司出品

京师白云观燕九节

京师明日称燕九，少年尽向城西走。
白云观前作大会，射箭击球人马蹂。
古祠北与学宫依，箫鼓不来牲醴稀。
如何义士文履善，不知道人邱处机。

——〔明〕吴宽

天宁寺塔

（北京　西城）

天宁寺塔，始建无明确纪年，据考证应为辽代建筑，八角十三层实心砖塔。明清两代曾进行过多次修葺，是北京现存著名的古塔之一。疑原图注有误。

The Tianningsi Tower

Location: The Tianning Temple, Fuxingmenwai, Xicheng District, Beijing City

This tower was built of brick and stone.

黄寺诗

苍松白石两相依，与客攀临眺晚晖。
地迥昙云迷远嶂，林空碧叶舞禅扉。
老僧面壁浑无语，闲鸟依巢解息机。
大觉由来不住相，随缘何必慕袈衣。

——〔清〕王毓阳

（水彩）1925年　英美烟草公司出品

黄寺塔

（北京　东城）

西黄寺，位于黄寺大街。清顺治八年（1651），皇帝请五世达赖喇嘛罗桑嘉措进京会晤，遂命建造西黄寺。次年，五世达赖率领西藏僧俗3000人，行程九个月到达北京，住锡西黄寺。乾隆四十四年（1779），六世班禅巴丹益西莅京朝谨，在西黄寺圆寂。乾隆皇帝亲临凭吊，敕建清净化城塔于寺内，供奉班禅衣冠。此塔式样为印度佛陀伽耶式，俗称黄寺塔。是清代佛塔建筑艺术的一大杰作。

Xihuang Temple

Location: Huangsi Dajie, Dongcheng District, Beijing

This Lama temple was built in 1651 A.D. The Five pagodas share the same base, with four small pagodas constructed at one corner around the main one.

二十年来常独步御河畔观柳
紫禁画角迎日月，御沟河水送晨昏。
改朝换代浑不觉，故宫烟柳又一春。
——李幼芝

（水彩）1934年 启东烟草股份有限公司出品

紫禁城角楼

（北京 东城）

环绕紫禁城外围的护城河，建成于明代永乐十八年（1420）。沿紫禁城外城人工开挖壕沟，引水注入，形成人工河，作为城墙的屏障，维护城内安全。城墙四角,各有一个玲珑奇巧的角楼，结构精密，别出心裁。

Turrets by the Imperial River

Location: Dongcheng District, Beijing

The moat of the Forbidden City was built in 1420.

祈雨诗

跸路叨甘泽，京畿膏尚屯。
群生望培植，二麦待滋蕃。
履磴步恭陟，瞻祠衷敬存。
叩祈施渥澍，神佑辅周原。

——［清］爱新觉罗·颙琰

（水彩）1934年　启东烟草股份有限公司出品

天坛祈年殿

（北京　东城）

天坛祈年殿，建于明永乐十八年（1420），是明清两代帝王用以“祈谷”的场所。初名大祀殿，殿高38.2米，直径24.2米，内部建筑分别寓意四季、12月、12时辰以及周天星宿。

Hall of Prayer for Good Harvest

Location: Dongcheng District, Beijing

It was first built in 1420. It is the only remaining one hall-style building from the Ming Dynasty (1368-1644 A.D.).

登香山

指点风烟欲上迷，却闻钟梵得招提。
青松四面云藏屋，翠壁千寻石作梯。
满地落花啼鸟寂，倚栏斜日乱山低。
去来不用留诗句，多少苍苔没旧题。

——〔明〕文征明

（钢笔淡彩）1924年　英美烟草公司出品

香山古塔

（北京　海淀）

香山古塔，又称香山寺塔，于永安禅寺内。塔为清乾隆四十五年（1780）所建，塔身为砖石结构，外用琉璃瓦当修砌，四周衬以红墙碧瓦。掩映于苍松翠柏之中，巍峨俊秀，分外辉煌。

Ancient Pagoda at Fragrance Hills

Location: Yong'an Temple, Haidian District, Beijing

Also called Fragrance Hill Temple Pagoda, it was built in 1780. It is made of brick and stone.

游清漪园

万寿山园学惠山，九龙八景不劳攀。

予心宁在风光里，依媚民情想像间。

——〔清〕爱新觉罗·弘历

清漪园琉璃塔

（北京　海淀）

清漪园琉璃塔，又称多宝琉璃塔，原是清皇家园林清漪园的旧物，建于颐和园后山花承阁中。塔的底座为汉白玉须弥座，楼阁式塔身四面的佛龛里有佛像580尊。塔身的转角柱依次用金黄色、紫色、蓝色琉璃瓦砌成。在阳光的照射下，通体玲珑，华美动人。

Glazed Pagoda in the Summer Palace

Location: Summer Palace,Haidian District, Beijing

Also called Duobao Glazed Pagoda, it was originally part of the Garden of Clear Ripples, an imperial garden of the Qing Dynasty (1616-1911 A.D.).

（水彩）1934年　启东烟草股份有限公司出品

游清漪园

玉泉舟下玉河通，日丽风和波不雄。
芷白蒲青景有望，鸢飞鱼跃兴无穷。
清漪水色从新秀，万寿山光即渐融。
行不须臾吟数首，裴家构思或相同。

——[清]爱新觉罗·弘历

（钢笔淡彩）1924年　英美烟草公司出品

万寿山喇嘛塔

（北京　海淀）

万寿山喇嘛塔，位于颐和园中的“须弥灵境”之中，建于1755年。式样取自西藏桑耶寺，供奉三世佛和十八罗汉。四周用不同形式的塔台修建有“八小部洲”和代表佛经“四智”的红、白、黑、绿四座喇嘛塔。图为立于西北部的绿喇嘛塔。塔上有十三层环状“相轮”，表示佛经“十三天”。塔型别致，造型端庄美观。

Lama Pagoda on Longevity Hill

Location: Haidian District, Beijing

It was built in 1755.

咏玉泉

笑指蓬莱石，春桃几树花。
仙潭驯白鹿，童子戏金沙。
一榻居士室，三车长者家。
凭君磨素壁，重过赋青霞。

——〔清〕朱日藩

玉泉山石塔

（北京　海淀）

玉泉山石塔，位于玉泉山的静明园内，是“静明园十六景”之一。清康熙十九年（1680），玉泉山改为行宫，初名澄心园，康熙三十一年（1692）改名静明园。玉泉山北峰有塔，名妙高塔，为金刚宝座式，俗称锥子塔。石塔则位于玉泉山南山景区侧峰上，建于清代康熙年间，是一座八角七层密檐式石塔。塔身刻有释迦牟尼出家的故事，刻工精细，保存完好。

Stone Pagoda on Jade Spring Hill

Location: Haidian District, Beijing

Built during the reign of Emperor Kangxi of the Qing Dynasty (1616-1911 A.D.), it is an octagonal seven-storeyed, multi-eaved stone pagoda.

（水彩）1934年　启东烟草股份有限公司出品

兴游长辛店

一塔临水映江天，云衬霞光泛漪涟。
游人至此当驻足，识否西湖四月间。

——李幼芝

（石印）1904年　日本村井兄弟商会社出品

长辛塔

（北京　门头沟）

长辛塔，位于古镇长辛店云岗村的西峰寺里，又名镇岗塔，建于金代。塔为八角形，高18米，由塔基、塔身和塔刹组成。塔身以短檐和檐上的须弥座为界，分为上下两部。下部刻有圆柱，四面做菱形格子门，另四面做直棂窗。上部为七层佛龛，环绕组成巨大的锥形花束，具有花塔的特征。远远望去，秀丽可人，入诗入画。

Changxin Pagoda

Location: Mentougou District, Beijing

Also called Zhen'gang Pagoda, it was built in the Jin Dynasty (1115-1234 A.D.).

关雎

参差荇菜，左右流之。
窈窕淑女，寤寐求之。
求之不得，寤寐思服。
悠哉悠哉，辗转反侧。

——〔先秦〕孔丘

颐和园荇桥

（北京　海淀）

颐和园荇桥，位于石舫以北，横跨万字河上。始建于乾隆年间，桥亭毁于1860年英法联军之劫，光绪年间重建。桥为敞亭式样，上置双层四角方亭，桥墩上端有石狮，设计和建造很有特色。荇桥之名，取意为“后妃之德”。

Xingqiao Bridge

Location: Haidian District, Beijing

It was first built during the reign of Emperor Qianlong of the Qing Dynasty (1616-1911 A.D.). The pavilion over the bridge was destroyed by the Anglo-French Allied Force in 1860. It was rebuilt during the reign of Emperor Guangxu of the Qing Dynasty.

（水彩）1934年　启东烟草股份有限公司出品

颐和园玉带桥

（北京　海淀）

颐和园玉带桥，位于昆明湖长堤上，建于清乾隆年间（1736－1795）。该桥单孔净跨11.38米，矢高约7.5米，全部用汉白玉琢成，桥面呈双反向曲线，组成波形线桥型，配有精制白石栏板，显得格外富丽堂皇。蛋尖形桥拱高耸，好似玉带。此桥旧名穹桥，俗称驼峰桥。乾隆皇帝每次去西山必经过此桥。

The Jade Belt Bridge in the Summer Palace

Location: Over the Causeway of the Kunming Lake, Haidian District, Beijing

It was built during the reign (1736-1795 A.D.) of Emperor Qianlong of the Qing Dynasty (1616-1911 A.D.). It is made from white marble.

玉带桥

一似旭日出东海，一似明月落水中。
天然图画或真个，不教人间降彩虹。

——李幼芝

（水粉）1920年　英美烟草公司出品

北海金鳌玉蝀桥

（北京　西城）

北海金鳌玉蝀桥，又称永安桥，建于元代初年，是一座以雅致精巧取胜的连拱大石桥，起着连接与烘托琼岛的重要作用。桥的两端各竖彩绘牌坊一座，名为“积翠”和“堆云”。牌坊前还各设有一对石狮子，对称呼应，相映成趣。在碧水、蓝天和巍峨白塔的映衬下，蔚为壮观，为我国园林建筑艺术中的精品之一。

The Bridge of Golden Tortoise and Jade Rain

Location: Xicheng Distric, Beijing

Also known Yong'an Bridge, it was built around 1280.

题琼岛春荫

春荫琼岛正堪凭，淑景层楣瑞蔼凝。
仙水绮钱增吉兆，五风十雨愿休征。

——[清] 爱新觉罗·弘历

（水粉）1920年　英美烟草公司出品

由玉河泛舟至万寿山清漪园

玉泉舟下玉河通，日丽风和波不雄。
芷白蒲青景有望，鸢飞鱼跃兴无穷。
清漪水色从新秀，万寿山光即渐融。
行不须臾吟数首，裴家构思或相同。

——［清］爱新觉罗·弘历

（水彩）1934年　启东烟草股份有限公司出品

颐和园佛香阁

（北京　海淀）

颐和园佛香阁，高41米，八面三层四重檐塔式结构，建于万寿山前山的巨大石造台基上。仰视有高出云表之气概。畅游园中，随处都能见到它的姿影。“佛香”二字源于对佛的歌颂。

Pavilion of the Fragrance of Buddha (Foxiang Pavilion)

Location: Haidian District, Beijing

The three-storied building features eight sides and four-layers of eaves.

雨后昆明湖泛舟骋望

半夜嘉霖晓快晴，敕机暇偶泛昆明。
稳同天上坐春水，爽学秋风动石鲸。
出绿柳荫知岸远，入红莲路荡舟轻。
玉峰真似蓬莱岛，只许遥遥镜里呈。

——［清］爱新觉罗·弘历

颐和园昆明湖

（北京　海淀）

颐和园昆明湖，原为北京西北郊的天然湖泊。元至元二十九年（1292），郭守敬开挖通惠河，引水入湖。清康熙修建清漪园，清淤浚水，始成规模，命名为昆明湖。湖中多植荷花，周围又增万寿山亭台之胜，湖光山色，酷似江南风景。

Kunming Lake

Location: Haidian District, Beijing

The Tonghui River was dug in the early Yuan Dynasty (late 13th century) bringing water to the lake. During the reign of the Qing Emperor Kangxi (1662-1723 A.D.), a garden was built. The lake in the garden was named Kunming Lake.

（水彩）1934年　启东烟草股份有限公司出品

游万寿山宝云阁有怀

国运不昌时，铜亭亦遭难。
联军未焚化，窗破门亦烂。
为造枪子弹，日寇移铜案。
国与家一理，金汤亦足鉴。

——李幼芝

（水彩）1934年　启东烟草股份有限公司出品

颐和园铜亭

（北京　海淀）

颐和园铜亭，即宝云阁，为清朝帝后祈福诵经之所，乾隆二十年（1755）建成。通高7.55米，重207吨。铜殿梁柱、斗拱、椽瓦、匾联等构件采用拨蜡法和捹沙法铸造，表面处理为蟹青冷古铜色。在绿树红墙之间，倍显庄严。

Pavilion of Precious Clouds (Baoyun Pavilion)

Location: Haidian District, Beijing

This bronze pavilion was built in 1755. It measures 207 tons

活画舫

木舫原飘动，称云活画宜。
此诚石舫耳，何以亦名之。
流水窗前过，行云天上披。
讵非无定趣，转语听予斯。

——[清] 爱新觉罗·弘历

颐和园石舫

（北京　海淀）

颐和园石舫，又称清晏舫，建于清乾隆二十年（1755）。舫上舱楼原为中式建筑，船体用巨石雕成，全长36米，是颐和园内著名的水上建筑。在英法联军入侵时，中式舱楼被焚毁。光绪十九年（1893），按慈禧意图，将原来的中式舱楼改建成西式舱楼，顶部用砖雕装饰，显得精巧华丽。并取“河清海晏”之义，取名清晏舫。

Marble Boat In the Summer Palace

Location: Haidian District, Beijing

Also known as Qingyan Boat, it was built in 1755. The boat was carved with a huge rock. It is a famous aquatic treasure in the Summer Palace.

（水彩）1924年　英美烟草公司出品

（水彩）1934年　启东烟草股份有限公司出品

卧佛

山中卧佛何时起，寺里樱桃此日红。
骤雨忽添崖下水，泉声都在晚来风。
——［清］郑燮

卧佛寺

（北京　海淀）

卧佛寺，又称十方普觉寺，始建于唐贞观年间（627—649），原名兜率寺,又名寿安寺。元代，寺内铸造了一尊巨大的释迦牟尼涅槃铜像，长5.3米，重54吨，呈侧身睡卧状。人们遂将这座寺院称作卧佛寺。20世纪30年代，钟楼倒塌，大钟遂悬于庭院中硕大的白果树下。

Temple of Recumbent Buddha (Wofo Temple)

Location: At the southern foot of Shouniu Mountain, Haidian District, Beijing

First built during the Zhenguan Period (627-649 A.D.) of the Tang Dynasty (618-907 A.D.), originally called Doushuai Temple, the temple is also known as the Temple of Peaceful Longevity (Shou'an Temple).

碧云寺

隔岭别为区，精蓝静以俱。
每参相与好，难论有和无。
法雨真优渥，碧云任卷铺。
设云云那碧，迭树岂非乎。

——[清] 爱新觉罗·弘历

（水彩）1934年　启东烟草股份有限公司出品

碧云寺

（北京　海淀）

碧云寺，始建于元至顺二年（1331），后经明清扩建，始具规模。寺院坐西朝东，依山势而建造，300多级阶梯，采用回旋串连的结构，游人步入其间，如入桃源，一步一景，引人入胜。

Temple of Azure Clouds on Fragrant Hill

Location: Haidian District, Beijing

It was built in 1331A.D Through the expansion of the Ming (1368-1644 A.D.) and Qing (1644-1911 A.D.) Dynasties, it developed into a garden-style temple with compact layout. It is well-preserved.

（水彩）1934年　启东烟草股份有限公司出品

登八达岭

策马出居庸，盘回上碧峰。
坐窥京邑尽，行绕塞垣重。
夕照沉千帐，寒声折万松。
回瞻陵寝地，云气总成龙。

——〔清〕沈用济

八达岭长城

（北京　昌平）

古长城西起嘉峪关，东至辽东，全长近9000千米，平均高六至七米、宽四至五米。东西绵延不绝，故称万里长城。是我国古代劳动人民创造的伟大的奇迹。八达岭长城建于明初，居庸关关隘险要，为北京门户。清乾隆皇帝赐名居庸叠翠，为“燕山八景”之首。

Great Wall at Badaling

Location: Changping District, Beijing.

This stretch of the Great Wall, which runs west to Jiayuguan, Gansu Province, and east to Hushan in Liaoning province, was built in the early Ming Dynasty (1368-1644 A.D.).

古北口长城

诸城皆在山之坳，此城冠山为鸟巢。
到此令人思猛士，天高万里鸣弓绡。
——［明］唐顺之

古北口长城

（北京　密云）

古北口地处燕山山脉，地势险要，山陡路险，长城蜿蜒巍峨，为京都锁钥重地。古北口山奇水丽，曾设驿道、建营城，是清帝王去东北祭祖、狩猎、巡视的必经之处，康熙曾在此避暑，乾隆曾在此阅兵。

Great Wall at Gubeikou

Location: In the northeast of Miyun District, Beijing

A strategic location for the defense of the capital of China.

（水彩）1924年　英美烟草公司出品

山海关角山寺

（河北　秦皇岛）

山海关角山寺，系明朝嘉靖兵部侍郎詹荣所修。詹荣，字角山，少年家贫，但聪敏好学，蒙业师关老夫子和鼻梁山道人授以诗书武艺，终成大器。晚年致仕，不忘恩师，在鼻梁山造起寺院。几百年来，角山寺远近闻名，列入榆关八景。

Jiaoshan Temple

Location: Qinhuangdao City, Hebei Province

It was built during the Jiajing Period (1522-1566 A.D.) of Ming Dynasty (1368-1644 A.D.).

角山精舍

百二泥封镇日闲，肩舆乘兴到空山。
萧疏野径蒙携酒，风雪柴门为启关。
绝调岂云齐唱和，高情劳忆旧追扳。
留君坐待寒宵月，木柝频催未许还。

——〔明〕詹荣

（水彩）1924年　英美烟草公司出品

重游崇因寺

崇因寺久废，丙午为葺成。
葺成虽实果，崇因乃虚名。
阮思因为所，则其果号能。
能所本是幻，因果又岂诚。
崇者复属谁，金仙默弗评。

——[清] 爱新觉罗·弘历

广惠寺多宝塔

（河北　石家庄）

广惠寺，原名崇因寺，寺中塔原名华塔，后俗称多宝塔。其建筑十分奇特，中间主塔高耸，四周有四个小塔依附环绕。主塔第一层为平面八角形，周遭环以回廊，辟有拱门出入。四个小塔的塔顶用青瓦覆盖，中央置有硕大的宝顶。此塔造型为海内孤例，在中国建筑史上占有重要地位。目前已修葺一新，供人游览。

Duobao Pagoda

Location: Guanghui Temple, Shijiazhuang City, Hebei Province

Originally called Flowery Pagoda, with a towering central part encircled by four one-storeyed small pagodas,it is in a class by itself in the world, occupying an important position in the history of Chinese architecture.

（水彩）1934年　启东烟草股份有限公司出品

题云冈石窟

天教淑雨为清尘，来看云冈万佛身。
佛法虚无何足道，人民万古显精神。

——郭沫若

（钢笔淡彩）1924年　英美烟草公司出品

云冈寒泉洞支提塔

（山西　大同）

云冈石窟，建于北魏时期，依山而设，凿窟塑佛，工程浩大奇伟，天下称奇。其中第二窟，便是著名的“石窟寒泉”。窟内凿有一处双层楼阁状的塔柱，称为支提塔。其式样是仿古代低层楼阁建筑样式，塔柱凿有图案。中部雕出石龛，供奉石像小中见大。龛上另有石台与洞顶相接，宛如高耸入云，不知几重。

Zhiti Pagoda

Location: Hanquan (Cold Spring) Cave, Datong City, Shanxi Province

Built in the Northern Wei Dynasty (386-534 A.D.), this two-storied pavilion-like pagoda is known as Zhiti Pagoda. It was carved in the style of ancient lower-storeyed pavilions.

云冈西方群

（山西　大同）

云冈石窟及庙宇，建于北魏时期，原称灵岩寺，今名石佛寺。石窟群凿建在武周川流经的砂岩断崖上。东西长1000米，大小石窟40有余。分为东方、中央、西方三群。西方群是第14洞起至第43洞，其中第16洞至第20洞，年代最古。窟型平面呈长圆形，前壁上开明窗，下为入口。

Yungang Xifang (Western Lands) Grotto

Location: Yungang Grottoes, Datong City, Shanxi Province

This is the earliest grotto in Yungang Grottos, built in the Northern Wei Dynasty (386-534 A.D.).

谒方山灵岩寺诗

梵宫既隐隐，灵岫亦沉沉。
平郊送晚日，高峰落远阴。
回幡飞曙岭，疏钟响昼林。
蝉鸣秋气近，泉吐石溪深。
抗迹禅枝地，发念菩提心。

——〔隋〕杨广

（水彩）1924年　英美烟草公司出品

千山无量观

（辽宁　鞍山）

千山无量观，由开山道士刘太琳主持，于清康熙六年（1667）营建。因初建时无梁而得名“无梁之观”，后改称“无量观”。无量观依山随景而立，浓荫夹道，古木参天，更有亭、阁、奇石点缀其间。

Wuliang ("Infinity") Taoist Temple

Location: Qianshan Mountain, Anshan City, Liaoning Province

It was built in 1667. Since there was no brick and wood structure in the cave, it was originally called as "temple without beam ("Wu" meaning "without", "liang" meaning "beam"). Later, it was renamed "Infinity Temple".

游千山

千山不足千，人造一株莲。
此说谁为证，请询天上天。

——张平化

（水彩）1924年　英美烟草公司出品

咏无量观二十四景聚仙台

纵步仙台眼界宽，山间昼永任盘桓。
倦时一枕羲皇梦，不羡严陵七里滩。

——［清］郭永慧

千山无量观聚仙台

（辽宁　鞍山）

千山无量观是东北著名的道教宫观。观前山腰间有一石台，台上置石桌石墩，四周环以短石垣栏柱及石板，相传昔日常有仙人羽客栖集于此，故人称“聚仙台”。沿山门拾级而上至西峰，峰顶石台，名振衣岗。岗北山峰，古称拜斗台，昔为观内道士朝拜北斗之处。观之周围峰峦叠嶂，松海环绕，有南天门、钟楼、万年松、正直松、石龛松等众多名胜古迹。

Juxian Platform at Wuliang Taoist Temple

Location: Wuliang Taoist Temple, Qianshan Mountain, Anshan City, Liaoning Province

There is a stone platform in front of the temple, with a stone table and stools around it. According to legend, immortals gathered there, so it is also known as "Immortals Gathering Platform".

（水彩）1924年　英美烟草公司出品

教堂

门阑惨绿蜃楼新，道左耶稣最诱民。
七十七堂宣跪拜，痴顽齐礼泰西人。
——丘逢甲

（水彩）1934年　启东烟草股份有限公司出品

圣三一堂

（上海　黄浦）

圣三一堂，于1869年建成，是一座红砖砌筑，室内外均为红砖墙面的建筑，俗称红礼拜堂，是上海早期最大的基督教教堂。1893年，教堂的左侧增建了一座钟楼，为四方形平面、尖椎形屋顶。

Holy Trinity Church

Location: Huangpu District, Shanghai

It was built in 1896, popularly known as "Red Chapel", it was the largest Christian church in the early period of Shanghai.

佚题

古刹茫茫烟雨中，浮图高插翠微重。
营巢鸟泽云端树，翻译僧敲饭午钟。
香木榜桥春水浅，残碑没草绿苔浓。
年来愧我尘缘老，忆昔登依兴已慵。

——〔明〕钱溥

龙华塔

（上海　徐汇）

龙华塔，相传始建于三国时期东吴赤乌十年（247）。孙权当国，敕建此塔，并且赐额“龙华”。该塔通体橙黄，光鲜夺目。塔身为七层八面砖木结构，层檐置廊，飞檐高翘，每层平座的栏杆随着塔身转折，宛若玉带环绕。

Longhua Pagoda

Location: Longhua Temple, Longhua Town, Xuhui District, Shanghai

Tradition has it that it was originally built in 247 A.D.. Its main body was made of brick and wood.

（水彩）1934年　启东烟草股份有限公司出品

金泽如意桥

（上海　青浦）

金泽如意桥，始建于宋代，居于古代交通要道之上。该桥是单孔桥结构，石料采用红砂岩，桥长14米、宽3米、高4.5米，桥面共有石级28级。金泽镇风景秀丽，人杰地灵，小桥流水，风光旖旎，是典型的江南鱼米之乡，自古有“六观、一塔、十三坊、四十二虹桥”之誉。

Ruyi Bridge in Jinze Town

Location: Qingpu District, Shanghai City

Ruyi Bridge in Jinze Town: Originally built in the Song Dynasty (960-1279 A.D.), it is a single-arch bridge made of red sand stone.

江南春

波渺渺，柳依依。
孤村芳草远，斜日杏花飞。
江南春尽离肠断，苹满汀洲人未归。

——[宋] 寇准

（水粉）1920年　英美烟草公司出品

松江方塔

巍巍楼阙梵王宫，金碧名蓝杳霭中。
近海浮图三十六，怎如方塔最玲珑。

——[清] 黄霆

（水彩）1925年　英美烟草公司出品

松江方塔

（上海　松江）

松江方塔，本名兴圣教寺塔，建于北宋熙宁、元祐年间（1068—1094），距今约有千年历史。其式样因袭唐代砖塔形制，呈四方形，故而俗称方塔。方塔在南宋、元、明、清代曾多次进行修葺。此塔塔身修长，共九层，高42.5米。在第八层的楼板上，竖立一根高13米的木柱，穿过塔顶露出塔外8米，这一设计在诸多塔式中独具一格，颇有新意。

Square Pagoda in Songjiang

Location: Fangta Park, Songjiang District, Shanghai City

Called the Pagoda of Xingshengjiao Temple, it was built during 1068-1094 A.D. Its body is slender.

蒲塘桥

（江苏　南京）

蒲塘桥，始建于唐代，南宋末年废，明正德三年（1508）重建，是宣城驿路上的一座大桥。该桥为多孔连续性拱桥，长91.3米，宽5.7米，工艺和造型均很独特。画中桥之造型与今日新桥已大相径庭。

Putang Bridge

Location: Over the south section of the Nanputang River, Putang Town, Nanjing City, Jiangsu Province

It was originally built in the Tang Dynasty (618-907 A.D.). Collapsed late in the Southern Song Dynasty (1127-1279 A.D.) it was rebuilt in 1508 A.D. This is a multi-span flat bridge.

游石臼湖

湖与元气运，烟波浩难止。
天外贾客归，云间片帆起。
龟游莲叶上，鱼戏芦花里。
少妇棹轻舟，歌声逐流水。

——［唐］李白

（水粉画）1920年　英美烟草公司出品

夫子庙

（江苏　南京）

夫子庙，始建于东晋咸康三年（337），根据“治国以培育人材为重”的提议，立太学于秦淮河南岸。宋仁宗景祐元年（1034）扩建为孔庙。庙内祭奉孔夫子，故称夫子庙。清咸丰年间毁于兵火，同治八年（1869）重建。

Confucius Temple

Location: Gongyuan Street, Nanjing, Jiangsu Province

It was first built in 337 by Chengdi Emperor Sima Yan of the Eastern Jin Dynasty (317-420 A.D.), but was ruined in wars during the Xianfeng Period (1851-1862 A.D.) of the Qing Dynasty (1644-1911 A.D.) and rebuilt in 1869.

金陵晚眺

金陵古形胜，晚望思迢遥。
白日余孤塔，青山见六朝。
燕迷花底巷，鸦散柳阴桥。
城下秦淮水，平平自落潮。

——[元] 傅若金

（水彩）1932年　南洋兄弟烟草公司出品

（石印）1904年　日本村井兄弟商会社出品

古塔

浮图耸秀出层霄，山寺云深隔市嚣。
只有梵钟声断续，听宵撞击累僧寮。

——［清］棣华馆主

舍利古塔

（江苏　南京）

舍利古塔，建于隋仁寿元年（601）。相传隋文帝遇一高僧，得舍利数百颗，诏天下83州建塔供奉，先送南京栖霞寺，舍利塔由此而建。舍利塔五级八角，连基座共七层，高18米，为石砌密檐式。塔基上下层雕有海水、莲花、龙、凤、鱼、鳖等图案，须弥座束腰八面刻着象征释迦牟尼一生的八相图。塔身端庄典雅、雕刻细腻精湛，为我国佛塔艺术之精品。

Ancient Pagoda in Nanjing

Location: In the south of Sutra Hall, Qixia Temple, Nanjing City, Jiangsu Province

This multi-eaved pagoda was built of stone in 601 A.D.

金山宝塔

（江苏　镇江）

金山宝塔，始建于1400余年前的齐梁时代。唐宋时为一对双塔，名荐慈塔、荐寿塔。后来，双塔毁于火灾。明代重建，只恢复了一塔，但将两塔的名称合二为一，称为慈寿塔。此塔为砖木结构，高30米，共七级八面，内有旋式木梯，可以供游人登塔远眺。每层四面有门，走廊相连，面面有景，风光各异。

Jinshan Temple Pagoda

Location: Jinshan Temple, Zhenjiang City, Jiangsu Province

Built during the reign of Qi (479-502 A.D.) and Liang (502-557 A.D.) Kingdoms. There were originally two pagodas. They were later destroyed by fire. One pagoda was rebuilt of brick and wood in the Ming Dynasty (1368-1644 A.D.), known as Cishou Pagoda.

金山

数重楼枕层层石，四壁窗开面面风。

忽见鸟飞平地上。始惊身在半空中。

——［宋］王安石

（石印）1904年　日本村井兄弟商会社

昆仑桥

（江苏　常州）

昆仑桥古称观莲桥。据说清代乾隆年间修此桥时，河中种满莲花，因而得名。此桥为老式石拱桥，清代光绪十四年（1888）重建，改称昆仑桥。其后历经战乱，桥身残破，但始终屹立不倒。

Kunlun Bridge

Location: Over the Changli River, Licheng Town, Changzhou, Jiangsu Province

It was built during the reign of Emperor Qianlong of the Qing Dynasty (1616-1911 A.D.) and named Guanlian Bridge. It was rebuilt in 1888 A.D.with its name changed to Kunlun.

观莲桥

故园吾久别，此地到来稀。
水暖鱼苗长，林荫燕子飞。
乍维桥半艇，对掩竹间扉。
日日看渔夫，持竿上钓矶。

——〔清〕彭桂

（水粉）1920年　英美烟草公司出品

微雨中过湖塘

西跨湖桥雨到时，四山烟景碧参差。
白云忽过青林出，一角斜阳贺监祠。
——〔清〕李慈铭

鲸塘桥

（江苏　无锡）

鲸塘桥，明嘉靖三十年（1551）由钱鳌捐资首倡募建，清康熙二十五年（1686）由钱鳌玄孙钱之遴重修。在鲸塘镇老街西端，横跨钟溪、张渚运河，为三孔石拱桥。桥全长52米，中孔矢高5.4米、跨度9.8米，另两孔矢高各3.8米、跨度7米。结构严密，造型美观，气势宏伟，是宜兴现存最大的石桥。

Jingtang Bridge

Location: Jingtang Town, Wuxi City, Jiangsu Province

Built in 1551 A.D. it is the biggest among the extant bridges in Yixing City.

（水粉）1920年　英美烟草公司出品

（水彩）1934年　启东烟草股份有限公司出品

青林虎丘寺

藓墙围着碧屠颜，曾是当年海涌山。
尽把好峰藏寺里，不教幽境落人间。
——［宋］王禹

虎丘塔

（江苏　苏州）

虎丘山，原名海涌山。山顶虎丘塔，又称云岩寺塔，始建于隋文帝仁寿元年（601），塔内供有佛舍利。初建之时是一座木塔，后来被雷击焚毁，木塔与云岩寺一同化为灰烬。现存的虎丘塔建于宋建隆二年（961），塔身为七级八角形。古塔与虎丘的风景浑然一体，入诗入画。自明代起，此塔开始向西北倾斜，而今塔顶中心已经偏离底层的中心2.3米，故被称为“东方比萨斜塔”。

Tiger Hill Pagoda

Location: Tiger Hill, Suzhou City, Jiangsu Province

Also known as Yunyan Temple Pagoda, it was first built in 601 A.D.. Since the Ming Dynasty (1368-1644 A.D.), the Pagoda has begun to lean to the northwest. Now, the centers of the top and bottom of the pagoda vary by 2.3 meters, hence its nickname "the Oriental Leaning Tower of Pisa."

入郭过南湖望报恩浮图
雨过春波洒浪香，布帆归缓怕余阳。
渔人为指江城近，一塔船头看渐长。
——[明] 高启

（石印）1904年　日本村井兄弟商会社

北寺塔

（江苏　苏州）

北寺塔，于苏州报恩寺内，是楼阁式佛塔，始建于三国时期，是孙权为报答慈母之恩所建，所以此塔亦名报恩寺塔。塔高76米，九级八面砖木结构，每层挑出平座、腰檐，底层对边18.8米，副阶周匝基台为34.3米，塔顶与宝刹约占五分之一。此塔重檐覆宇、朱栏萦绕、金盘耸立、峻拔奇伟，为吴中诸塔之冠，登塔远眺。可俯瞰苏州全景。

Beisi Pagoda (North Temple Pagoda)

Location: Bao'en Temple, Suzhou City, Jiangsu Province

Built during the period of Three Kingdoms (220-280), this pavilion-like Buddhist Pagoda was made of brick and wood.

题风雨泛舟图

谁将折柬远招呼，长短相思无日无。契取酒壶诗卷去，一帆风雨过姑苏。——张大千

（钢笔淡彩）1924年　英美烟草公司出品

瑞光寺塔

（江苏　苏州）

瑞光寺，修建之初名为普济禅院。三国时期，孙权为了迎接西域高僧修建此院，且在禅院之内修起了这座高塔。传说北宋元丰二年（1079），高僧圆照禅师在禅院开坛讲经，博宏精微、出神入化、感天动地，寺内宝塔顿放瑞光，该寺故被称为瑞光寺，高塔故名瑞光寺塔。

Ruiguang Temple Pagoda

Location: Ruiguang Temple, Suzhou City, Jiangsu Province

Built during the period of Three Kingdoms (220-280 A.D.), it got its present-day name from the Ming Dynasty (1368-1644 A.D.).

双塔寄友人

双塔倚林表，危楼此暂栖。
湿云低度鸟，朝日乱鸣鸡。
入望烟芜冷，怀人浦树迷。
黄华故园好，昨夜梦苕西。

——吴昌硕

（石印）1904年　日本村井兄弟商会社

定慧寺双塔

（江苏　苏州）

定慧寺双塔，名舍利塔、功德塔。据说是唐代的两位笃信佛教的善士王文罕、王文华兄弟投资修建的。两塔的建筑形式几乎完全一样，均为七层，东塔高33.3米，西塔高33.7米，两塔间相距仅约20米，远远看去，难分伯仲。因此人们又叫它们为“兄弟塔”。

Twin Pagodas

Location: The Dinghui Temple, Suzhou City, Jiangsu Province

The two pagodas were first built in the Tang Dynasty (618-907). The two look almost the same in building types, hence the name.

南社百尺楼诗盘门夜泊

风清月白露珠浮，骏马轻车赌夜游。
异境忽开人自眩，四方多故独含愁。
堪怜珊网成鱼网，难解清流付浊流。
还向甘棠桥上望，幻云顷刻散当头。

——陈去病

（石印）1904年　日本村井兄弟商会社

盘门塔

（江苏　苏州）

盘门塔，位于盘门之内，是一座造型独特的七层方塔。建于何年，尚待详考。此图面世于1904年，说明1904年前，此塔尚存。而今此塔已荡然无存，毁于何时，亦待考证。

Panmen Pagoda

Location: Inside the Panmen Gate, Suzhou, Jiangsu Province

A seven-storeyed square pagoda, which no longer exists.

苏台览古

旧苑荒台杨柳新，菱歌清唱不胜春。
只今惟有西江月，曾照吴王宫里人。

——〔唐〕李白

灵岩塔

（江苏　苏州）

灵岩山，位于木渎镇旁，山并不高，山上多奇石，因灵岩塔前有一灵芝石十分有名，因此山随石名，亦称灵岩山。相传吴王曾在山上筑石头城、玩月池、流花池等供西施居住游玩。可谓处处有典、石石有名，故赢得“灵岩秀绝冠江南”的美誉。

Lingyan Rock

Location: Mudu Town, Suzhou City, Jiangsu Province

Since there is a very famous rock resembling a fungus in front of the Lingyan Tower, so the mountain is named for the rock, and called Lingyan Mountain.

（水彩）1934年　启东烟草股份有限公司出品

宝带桥

（江苏　苏州）

宝带桥，又名长桥，始建于唐元和十一年（816）。横卧在距苏州城郊3000米、古运河和澹台湖之间的玳玳河上，是一座驰名中外的多孔石拱桥。桥长316.8米，宽4.1米，53孔，孔径大小不等，拱圈皆呈半圆形。桥身变化多姿，远望犹如长龙卧波，又似玉带浮于水面，极为秀丽精巧。

Baodai Bridge

Location: Over the Daidai River, Suzhou City, Jiangsu Province

Also known as Long Bridge, it was first built in 816 A.D. it was a multi-arch stone bridge renowned at home and abroad.

过宝带桥有咏

金阊清晓放舟行，宝带春风波漾轻。
孔五十三易疏泄，涨痕犹见与桥平。

——［清］爱新觉罗·弘历

（水粉）1920年　英美烟草公司出品

读寒山寺内俞樾诗碑

村枫二字到今疑，孰是孰非成话题。
昔日古桥今尚在，令人反復忆张继。

——李萌寰

枫桥

（江苏　苏州）

枫桥，据俞樾考证，应为江村桥。始建于梁代，中间多次重修，是一座在江南常见的单孔石拱桥。大运河在此通过，南北舟车在此交汇，旧时每到夜晚航道封锁，这里便成舟楫停息之地，故此桥得名封桥，后因张继的诗而易名。现为中外知名的旅游之地。

The Maple Bridge (Feng Bridge)

Location: Suzhou City, Jiangsu Province

Built in the Liang Dynasty (502-557 A.D.) during the period of the Northern and Southern Dynasties, it is a single-arch stone bridge of the type commonly seen in the regions south of the Yangtze River.

（水粉）1920年　英美烟草公司出品

阊门水关

（江苏　苏州）

苏州城，周敬王六年（前514）吴王阖闾命伍子胥所筑。阊门水关由相距4.6米的内外两重城门组成，纵深 24.5米。外门石拱券作分节并列式构筑，金刚墙高达7.25米，墙角各立方石柱，上架楣枋以承拱券。拱券矢高2.75米，开有闸槽。内外水门之间，南北砌泊岸，东南隅城墙内辟有洞穴通道，可循石级登城台。太平天国时期瓮城被毁，20世纪五六十年代，水陆城门亦全部拆除。

Changmen Water Gate

Location: Suzhou, Jiangsu Province

Built in the Spring and Autumn period (770—476), it was composed of two gates 4.6 meters apart.

阊门即事

世间乐土是吴中，内有阊门又擅雄。
翠袖三千楼上下，黄金百万水西东。
五更市贾何曾绝，四远方言总不同。
若使画师描作画，画师应道画难工。

——［明］唐寅

（水粉）1920年　英美烟草公司出品

拙政园芙蓉榭

曲水回廊一镜开，鸟鸣声里旧亭台。

池风忽卷莲裙乱，惊看芙蓉红映腮。

——[明] 佚名

（水彩）1930年　英美烟草公司

拙政园

（江苏　苏州）

拙政园，始建于明正德四年（1509），为明御史王献臣在唐代陆龟蒙宅地处拓建而成，并将此园命名为拙政园。王献臣死后，其子一夜豪赌，将园输给徐氏。清咸丰十年（1860）太平军进驻苏州，拙政园为忠王府，李秀成在见山楼治事。光绪三年（1877）为富商张履谦所有，易名补园。现存园貌多为清末时形成。

Humble Administrator's Garden

Location: Suzhou City, Jiangsu Province

It was first built in the fourth year of Zhengde Period (1506 - 1522) of Ming Dynasty. Its current appearance mostly came into being in the late Qing Dynasty (1644-1911 A.D.).

拙政园楹联

从北道来游，花月留题。寄闲情在二千里外。
占东吴名胜，亭台依旧。话往事于三百年前。

——[清] 佚名

（水彩）1930年　英美烟草公司

拙政园塔亭

（江苏　苏州）

拙政园塔亭，又称宜两亭。在“别有洞天”靠左的假山上，有一座六角形的亭子，亭基较高，六面置窗，窗格为梅花图案。登亭可以俯瞰园中山光水色。“宜两”出自白居易诗：“明月好同三径夜，绿杨宜作两家春”。

Tower-Pavilion

Location: Suzhou City, Jiangsu Province

Also known as Yiliangting Pavilion, it is a hexagonal building, where one can look out over the sceneries of the garden.

网师园

城南那复有闲廛，生翠丛中筑数椽。

他日买鱼双艇子，定应先诣网师园。

——[清] 洪亮吉

（水彩）1930年　英美烟草公司

网师园

（江苏　苏州）

网师园，初为南宋官员史正志的私宅万卷堂，亦称“渔隐”。清乾隆年间宋宗元退隐之后在此间建园，取名网师园。网师者，渔翁之别称，园主以此园名喻“渔隐”之义。乾隆末年，此园归瞿远村所有，复于园中增建亭台，俗称瞿园。此园以精巧紧凑、以小见大著称，是苏州中型古典山水宅园的代表作。

Wangshi Garden

Location: Kuojiatou Lane, Suzhou City, Jiangsu Province

It was built during the reign (1736-1796 A.D.) of Qing Emperor Qianlong. It is representative of the medium-sized classical gardens in Suzhou.

留园

记得留园结构工，内园绮丽外园通。
佳人佳茗清谈久，一舸归来月满篷。
——[清] 陈希濂

（水彩）1930年 英美烟草公司

留园济仙亭

（江苏 苏州）

留园，原是明万历年间太仆徐泰所建，时称东园。清嘉庆时归刘恕所有，名寒碧庄，俗称刘园。同治年间为盛宣怀之父盛旭人购得，修葺一新，取刘之谐音改名留园。俞樾作《留园记》称其为“吴下名园之冠”。图中所绘乃园中济仙亭，是以亭北青枫树边济颠石得名。

Jixian Pavilion of Liu Yuan (Lingering Garden)

Location: Outside the Changmen Gate of Suzhou City, Jiangsu Province

Lingering Garden was first built during the Wanli Period (1573 – 1620 A.D) of the Ming Dynasty, called East Garden at that time. Jixian Pavilion in the garden gets the name from the Jidian Rock by the Green Maple Tree to the north of the pavilion.

拙政园芙蓉榭

杨柳阴阴十亩塘，昔人从此咏沧浪。
春风依旧吹芳杜，陈迹无多半夕阳。
积雨经时荒渚断，跳鱼一聚晚波凉。
渺然诗思江湖近，便欲相携上野航。

——〔明〕佚名

沧浪亭

（江苏　苏州）

沧浪亭，始建于五代，为吴越孙承祐的池馆。宋代著名诗人苏舜钦以四万贯钱买下废园，进行修筑，傍水造亭，因感于“沧浪之水清兮，可以濯吾缨；沧浪之水浊兮，可以濯吾足”，题名“沧浪亭”，并自号沧浪翁。南宋初年，此地为名将韩世忠的宅第。沧浪亭虽几度历经兴废，但其古木苍老郁郁，保持旧时的风采。

Surging Waves Pavilion

Location: Suzhou City, Jiangsu Province

It was first built in the Five Dynasties (907-960 A.D.) and became the mansion of a famous general in the Southern Song Dynasty (1127-1279 A.D.). Decayed and rebuilt several times, it still shows the features of a garden of the Song Dynasty.

（水彩画）1930年　英美烟草公司

初晴游沧浪亭

夜雨连明春水生，娇云浓暖弄微晴。
帘虚日薄花竹静，时有乳鸠相对鸣。

——[宋] 苏舜钦

（水彩）1930年　英美烟草公司

沧浪亭看山楼

（江苏　苏州）

沧浪亭主要景区以山林为核心，四周环列建筑，亭及依山起伏的长廊沟通园内外的山水景色，使假山亭榭融成一体。园中山上石径盘旋、古树葱茏、箬竹被覆、藤萝蔓挂、野卉丛生，景色苍润如真山野林。园中西南有假山，山上有一小楼，名为看山楼，登楼可览苏州风光。

View from Surging Waves Pavilion

Location: Suzhou City, Jiangsu Province

From the Surging Waves Pavilion, one can have a panoramic view of Suzhou.

枫桥夜泊

月落乌啼霜满天，江枫渔火对愁眠。
姑苏城外寒山寺，夜半钟声到客船。

——[唐] 张继

寒山寺

（江苏　苏州）

寒山寺，建于六朝梁天监年间（502—519），原名妙利普明塔院。唐代贞观年间，名僧寒山和拾得曾来此住锡，改名寒山寺。钟楼在藏经楼南侧，六角形重檐亭阁，造型轻盈、轮廓优美。楼上悬挂铁铸巨钟，钟声宏亮、余音悠扬。

Hanshan Temple

Location: Fengqiao Town, Suzhou City, Jiangsu Province

It was first built during the Tianjian Period (502-519 A.D.) of the Liang Dynasty. It was originally called "Temple of Auspiciousness and Brightness".

（水彩）1930年　英美烟草公司

五亭桥

（江苏 扬州）

五亭桥，又称观莲桥，位于瘦西湖湖畔。造型别致，比例适当，稳重大方，玲珑剔透。桥含五亭，一亭居中，四翼各一亭，亭与亭之间回廊相连。中亭为重檐四角攒尖式，翼亭单檐，上有宝顶，四角上翘。桥基由12块青石砌成大小不同的桥墩组成，共15孔，总长55米。桥孔彼此相连，由桥外看去，每个洞外都有一幅不同的景物。每当晴空夜月满，各洞各衔一月，别具诗情画意。

Five-Pavilion Bridge

Location: At the Slender West Lake, Yangzhou City, Jiangsu Province

It contains five pavilions, of which one in the central and one respectively in the four corners. The pavilions are linked by the cloister.

观莲桥

扬州好，高跨五亭桥，
面面清波涵月镜，
头头空洞过云桡，
夜听玉人箫。

——[清] 彭桂

（水粉）1920年　英美烟草公司出品

送李少府

嗟君此别意如何，驻马衔杯问谪居。
巫峡啼猿数行泪，衡阳归雁几封书。
青枫江上秋帆远，白帝城边古木疏。
圣代即今多雨露，暂时分手莫踌躇。

——〔唐〕高适

（水彩）1934年　启东烟草股份有限公司出品

扬子峡

（江苏　扬州）

扬子江是古代长江的一个别称，得名于扬子津和扬子县。这一带水深江宽，舟楫往来如梭，两岸青枫古木，雄奇幽深，风景如画。

Yangzi Gorge

Location: Yangzhou City, Jiangsu Province

It gets its name from Yangzi Crossing and Yangzi County. The river is deep and wide in this area.

玉泉石塔

（浙江　杭州）

玉泉石塔，位于清涟寺内。寺中有一口长方形的水池叫做玉泉。自宋代开始，寺僧在池中放养红鲫，以助香火，到此观鱼为一时之盛。池中有石塔一座，原本供奉于清涟寺大殿之内。据说为了震慑水中经常作怪的龙妖，特将石塔置于池中。

The Yuquan Stone Pagoda

Location:Qinglian Temple north of Xiangu Hill, Hangzhou City, Zhejiang Province

Its original name being Linglong Stone Pagoda, it was enshrined in the Qinglian Temple, and later moved into a pool.

玉泉寺观鱼

寺古碑残不记年，池清景媚且留连。
金鳞惯爱初斜日，玉乳长涵太古天。
投饵聚时霞作尾，避人深处月初弦。
还将吾乐同鱼乐，三复庄生濠上篇。

——〔明〕王世贞

（水彩）1924年　英美烟草公司出品

杭州龙江塔

杭州曾有龙江塔，隽秀挺拔映西湖。

而今图在景不在，警戒后人未轻浮。

——编者

（石印）1904年　日本村井兄弟商会社

龙江塔

（浙江　杭州）

龙江塔，何时始建暂无考，但20世纪上半叶还是很漂亮完整地存在着。从画面上看它是一座七级八面的楼阁式塔。但是，现在这座高塔已荡然无存了。2009年10月26日，杭州《快报·读者论坛》刊登一篇茅宝泰写的文章《杭州有座龙江塔》，并刊出了他收藏的烟画和老照片为证。指其或可能是在20世纪五六十年代先后被拆的虎跑庙古塔，或可能是水星阁内的砖木塔。笔者亦将自己收藏的这帧烟画刊登于此，希望读者提供线索。

Longjiang Pagoda

Location: Hangzhou City, Zhejiang Province

A seven-storeyed octagonal pavilion-like pagoda.

（石印）1926年　南洋兄弟烟草公司出品

游灵隐寺得来诗

清风时来惊睡余，遂超羲皇傲几蘧。
归时栖鸦正毕逋，孤烟落日不可摹。
——［宋］苏轼

理公塔

（浙江　杭州）

理公塔，位于灵隐山飞来峰上，高有八米，八角七层，用石块砌成。塔身上有浮雕佛像、菩萨圣像以及佛经、真言等铭文。是明代高僧慧理和尚的骨灰埋葬之处。在参天古木的掩映下，天光筛落，更显得塔影古朴，情趣别具。

Stone Pagoda on the Flying Peak

Location: Lingyin Temple, Hangzhou City, Zhejiang Province

Called Ligong Pagoda, this is the place where the ashes of Huili, an eminent monk of the Ming Dynasty (1368-1644 A.D.) were buried.

雷峰夕照

回岗夹水塔入云，西当日落千峦分。
黄金界宽树影尽，白鹤巢老枝撑焚。
南高黛色晚逾重，北山苍霭晴光曛。
飞筇更觅上头望，人间气象俱氤氲。

——[明] 汤焕

雷峰塔

（浙江　杭州）

雷峰塔，吴越王钱俶为庆祝他的妃子生子，令人建造一塔，后称为黄妃塔，俗称雷峰塔。“塔原拟千尺十三层为率，以财力不充，姑建七级，复以风水家言，止存五级。塔重檐飞栋，窗户洞达。”此塔早年可以登临，以眺湖山景色。清康熙皇帝下江南时，遥望塔影横空，如诗似画，当即赐名“雷峰夕照”。清末到民初屡被盗挖，1924年坍塌。2000年重建，2002年新塔落成。

Leifeng Pagoda

Location: By the West Lake, Hangzhou City, Zhejiang Province

The original pagoda was built during the Five Dynasties and Ten Kingdoms period (907-960 A.D.), at the order of King Qianchu of Wuyue Kingdom. Standing on top of the Leifeng Pagoda, one can see the whole of West Lake.

（水彩）1925年　英美烟草公司出品

三潭

水天一色净无尘，湖面风来清又新。
小坐湖滨暂息步，静观潭影远山痕。

——李萌寰

（钢笔淡彩）1924年　英美烟草公司出品

三潭印月石塔

（浙江　杭州）

三潭印月石塔，建于宋元四年（1089）。相传苏轼在杭州任职时，曾在湖中立塔作为标志，禁止百姓在三塔以内植菱种芡，以防湖泥淤积。原石塔在元代已毁，现存石塔为明朝天启元年（1621）补立。石塔的形状如同胆瓶，高两米多，塔身中空，周遭有五个圆孔。每逢中秋之夜，明月在空，塔内点烛，洞口蒙以薄纸，灯光从中透出，宛如一个小月亮，与天空倒映湖中的明月相衬，出现了“天上月一轮，湖中影成三”的奇丽景色。

Stone Pagoda at the Three Pools Mirroring the Moon

Location: The Three Pools, Hangzhou, Zhejiang Province

This was built in 1089 A.D. and destroyed in the Yuan Dynasty (1206-1368 A.D.). The present-day one was built in 1621 A.D.. It is in the shape of a narrow necked vase, with its body hollow.

咏保俶塔

千年形胜试来登，雄镇名山几废兴。
一柱擎天依斗柄，七层飞桷斗觚棱。
声传下界惊风铎，影落西湖见夜灯。
更上丹梯最高处，隔江烟树宋诸陵。

——[明]王瀛

保俶塔

（浙江　杭州）

保俶塔，相传五代时期，吴越国王奉宋太祖之召进京，久留未返，宰相吴延爽为了祝愿他早日归来，便在宝石山顶上修建了这座九层高塔，取名为保俶塔。塔高45.3米，塔基窄小、塔身修长，线条柔和；塔尖如针，直指苍穹。通体秀丽，妩媚却不失庄重，挺拔而风姿绰约，远远望去，宛如亭亭玉立在西子湖畔的一位绝代佳人。

Baochu Pagoda

Location: Baoshi Hill, West Lake, Hangzhou City, Zhejiang Province

It features small seat and slender body.

（水彩）1934年　启东烟草股份有限公司出品

登塔

江上浮屠一快登，望中烟火是西兴。

日生沧海横流外，人立青冥最上层。

——〔明〕张仲举

（水彩）1934年　启东烟草股份有限公司出品

六合塔

（浙江　杭州）

六和塔，建于北宋开宝三年（970），相传吴越王听了高僧的建议，在此建塔以镇钱塘江潮。取佛教“六和敬”之义，命名为六和塔。原塔身九级，高59.89米，占地888平方米。从塔内拾级而上，壶门俱通外廊，依栏远眺，无限江山，尽入眼底。使人感到气势浩瀚，胸襟为之一快。

The Liuhe Pagoda

Location: The Yuelun Hill by the Qiantang River, Hangzhou City, Zhejiang Province

This pagoda was originally built in 970 A.D.

咏西泠桥

花花草草绮罗新，雨雨风风箫鼓陈。

一掬西泠桥下水，半含秋思半含春。

——[清] 许承祖

西泠桥

（浙江　杭州）

西泠桥，是一座古色古香的环洞石拱桥，又名西林桥。古时，原为一处风景如画的渡口。站在西泠桥上，既可近眺里湖，又可远瞩外湖；既在孤山之西，又可通往北山，白堤近在咫尺，苏堤隐约在望。不仅地理位置好，而且古迹韵事颇多，处处令人暇想。

Xileng Bridge

Location: Between the Qixia Hill and the Solitary Hill, Hangzhou City, Zhejiang Province

Also known Xilin Bridge, it is a stone bridge with single arch .

（水粉）1920年　英美烟草公司出品

西湖断桥

（浙江　杭州）

西湖断桥，据考为一段姓人家出资修建，称为段家桥，后来，逐渐俗称为断桥。此图所绘的西湖断桥与今日不同，它是1921年重建前的模样。重建后的断桥长8.8米，宽8.6米，单孔净跨6.1米，保持了原有古朴淡雅的风貌。桥东堍有清康熙御题景碑亭，亭侧建一水榭，题额“云水光中”，青瓦朱栏，飞檐翘角，与桥、亭构成西湖东北隅一幅古典风格的画图。古断桥的位置与现在不同，应在望湖楼的附近。

Broken Bridge

Location: The West Lake, Hangzhou City, Zhejiang Province

The original bridge was destroyed. The present one was built in 1921.

断桥闲望

闲作步上断桥头，到眼无穷胜景收。
细柳织烟丝易断，青屏拂鸟影难留。
斜拖一道裙腰绕，横着千寻境面浮。
投者近来忘俗累，眷怀逋客旧风流。

——〔明〕洪丞

（水粉）1920年　英美烟草公司出品

柳浪闻莺

（浙江　杭州）

柳浪闻莺，南宋时为帝王御花园，清代“柳浪闻莺”旧景。园林布局开朗、清新、雅丽、朴实，是欣赏三面云山一面水的观景佳地，闲步此间，令人心旷神怡。园中柳树各具特色：柳丝飘动似贵妃醉酒者，称醉柳；枝叶繁茂如狮头者，谓狮柳；远眺像少女浣纱者，称浣纱柳等。其间黄莺飞舞，竞相啼鸣，故有柳浪闻莺之称。

Orioles Singing in the Willows

Location:

This was an imperial garden in the Southern Song Dynasty (1127-1279 A.D.). It was given the name Orioles Singing in the Willows in the Qing Dynasty (1644-1911 A.D.).

柳浪闻莺

南渡宋家忘北金，相于丝管乐春深。
新莺百啭非无意，河北由来有故林。

——[清] 爱新觉罗·弘历

（水彩）1926年　南洋兄弟烟草公司出品

题冷泉

灵隐前，天竺后，两涧春淙一灵鹫。
不知水従何处来，跳波赴壑如奔雷。
无情有意两莫测，肯向冷泉亭下相萦回。
我在钱塘六百日，山中暂来不暖席。
今君欲作灵隐居，葛衣草履随僧蔬。
能与冷泉作主一百日，不用二十四考书中书。

——[宋] 苏轼

（水彩）1934年　启东烟草股份有限公司出品

春淙亭

（浙江　杭州）

春淙亭，建于明朝。春淙亭原在合涧桥上，清代乾隆年间移到回龙桥，游人去灵隐必经于此。

Chuncong Pavilion

Location: Hangzhou City, Zhejiang Province

It was built in the Ming Dynasty (1368-1644 A.D.).

请韬光斋

白屋炊香饭，荤膻不入家。
滤泉澄葛粉，洗手摘藤花。
青芥除黄叶，红藻带紫芽。
命师相伴食，斋罢一瓯茶。

——[唐] 白居易

(水彩) 1934年　启东烟草股份有限公司出品

韬光寺

(浙江　杭州)

韬光寺，为吴越王所建。唐穆宗长庆年间（821—824）四川诗僧韬光禅师曾居住于此，寺以人名，地又以寺名，故此地称韬光。寺内有四角亭，楹联书唐代骆宾王名句“楼观沧海日，门对浙江潮”。

Taoguang Temple

Location: On the Chaojuwu on the southern slope of North Peak, Hangzhou City, Zhejiang Province

It was built by King of Wuyue.

坐龙井上烹茶偶成

龙井新茶龙井泉，一家风味称烹煎。
寸芽出自烂石上，时节焙成谷雨前。
何必凤团夸御茗，聊因雀舌润心莲。
呼之欲出辨才在，笑我依然文字禅。

——〔清〕爱新觉罗·弘历

（水彩）1934年　启东烟草股份有限公司出品

延恩衍庆寺

（浙江　杭州）

延恩衍庆寺，始建于唐，宋淳祐六年（1246）重建，因背临龙井，故世称龙井寺。龙井原名龙泓，晋代葛洪曾在此炼丹。北宋时改名寿圣院，现寺已废，辟为茶室。

Yan'en Yanqing Temple

Location: Fenghuangling Mountain, West Lake, Hangzhou City, Zhejiang Province

It was first built in the Tang Dynasty (618-907 A.D.) and rebuilt in the sixth year of Chunyou Period (1241-1252 A.D.) of the Song Dynasty (960-1279 A.D.). With the Dragon Well behind it is also known as Dragon Well Temple.

灵隐寺

一山门作两山门，两寺元从一寺分。
东涧水流西涧水，南山云起北山云。
前台花发后台见，上界钟声下界闻。
遥想吾师行道处，天香桂子落纷纷。
——［唐］白居易

灵隐寺

（浙江　嘉兴）

灵隐寺，相传1600多年前印度僧人慧理云游至杭州，发现此处人杰地灵，仙灵所隐，遂募化建寺，取名灵隐。康熙下江南时，赐名“云林禅寺”。此寺两峰挟峙、林木耸秀，深山古寺、云烟万状，是一处古朴幽静的游览胜地。

Temple of Azure Clouds on Fragrant Hill

Location: At the east foot of Jubao Mountain in the western suburbs of Beijing

It was built in 1331A.D Through the expansion of the Ming (1368-1644 A.D.) and Qing (1644-1911 A.D.) Dynasties, it developed into a garden-style temple with compact layout. It is well-preserved.

（水彩）1934年　启东烟草股份有限公司出品

游灵隐寺得来诗复用前韵

溪山处处皆可庐，最爱灵隐飞来孤。
乔松百丈苍髯须，扰扰下笑柳与蒲。
高堂会食罗千夫，撞钟击鼓喧朝晡。
凝香方丈眠氍毹，绝胜絮被缝海图。

——［宋］苏轼

（水彩）1934年　启东烟草股份有限公司出品

灵隐飞来峰

（浙江　杭州）

灵隐寺前的飞来峰，又名灵鹫峰，山高168米，山体由石灰岩构成，山中有许多奇幻多变的洞壑。山上老树古藤，盘根错节；岩骨暴露，峰棱如削。其间遍布五代以来的佛教石窟造像，多达340余尊。峰侧有冷泉流过，水面建有春淙亭。

Feilai Peak

Location: By Lingyin Temple, Hangzhou City, Zhejiang Province

Also known as Lingjiu Peak, it is 168 meters high.

三潭印月

心心相印你我同，无限衷情水月中。
天上一轮银镜满，碧波九颗月溶溶。

——李萌寰

三潭印月

（浙江　杭州）

西湖小瀛洲有我心相印亭，亭中有三潭印月碑，南北有曲桥相通，东西以土堤相连，桥堤呈十字形交叉，将岛上水面一分为四。水面外围是环形堤埂，形如田字。绿树掩映、花木扶疏。湖岸垂柳拂波，水面亭榭倒影；呈现出湖中有岛、岛中有湖的特色，在西湖十景中独具一格。

Three Pools Mirroring the Moon

Location: West Lake, Hangzhou City, Zhejiang Province

It is one of the ten major scenic spots of the West Lake.

（水彩）1934年　启东烟草股份有限公司出品

莫干山

翻身复进七人房，回首峰峦入莽苍。
四十八盘才走过，风驰又已到钱塘。
——毛泽东

（水彩）1934年　启东烟草股份有限公司出品

莫干山风景

（浙江　杭州）

莫干山山峦连绵起伏，风景秀丽多姿，既可看日出、云海，更可观瀑布、清泉。明清之时，曾有“水乡佛国”的说法。清末民初所建数百幢别墅，掩映在竹林绿荫之中。非常清幽，以“清凉世界”而著称于世。

Mount Mogan

Location: Hangzhou City, Zhejiang Province

Rich in historic sights, during the Ming (1368-1644 A.D.) and Qing (1644-1911 A.D.) Dynasties, it was known as a "Buddhist Temple in a water town".

莫干山教堂

（浙江　杭州）

莫干山，相传春秋末年，吴王阖闾使干将在此铸剑，因之得名。莫干山几经战乱重创，不少寺庙遭战火。鸦片战争后，外国势力开始染指，纷纷在山上修建别墅，传教士梅生在此建筑了教堂。清凉、幽静，为天然的“消夏湾”。

Moganshan Church

Location: Mount Mogan, Hangzhou City, Zhejiang Province

It was built by foreign missionaries after the Opium War (1840-1842 A.D.).

1959年7月游莫干山

久识东南有此山，千丈修竹翠琅轩。
惊看壁画凭劳力，造成乐园在世间。
塔山鸢习天宇近，剑池人去水声寒。
群峦起伏如沧海，直欲乘风破碧澜。

——郭沫若

（水彩）1924年　英美烟草公司出品

三塔寺三塔

（浙江　嘉兴）

三塔寺三塔，初建于唐代，据《嘉禾志》记载：此处原有白龙潭，水深流急，行舟易颠覆沉溺。有高士云潭中白龙为祸。于是填潭建塔三座，镇慑白龙。清乾隆皇帝南巡，曾在塔下饮茶，赐名茶禅寺。“文革”期间，三塔被拆除，改建工厂。1999 年重建三塔，成为嘉兴的景标。

Three Pagodas of Jiaxing

Location: The Chachan Temple, Jiaxing City, Zhejiang Province

They were first built in the Tang Dynasty (618-907 A.D.). Dismantled during the period of the Cultural Revolution, they were rebuilt in 1999.

初过嘉兴三塔寺

风急舟轻似马奔，楚吟又动望乡魂。
暮云三塔林间寺，茅屋几家湖上村。
雁阵远冲霜浦令，边尘遥接戍楼昏。
平生每爱逢僧话，带月何妨叩梵门。

——〔明〕朱同

（石印）1925年　英美烟草公司出品

洲泉聚宝桥

（浙江　嘉兴）

洲泉聚宝桥，俗称三洞环桥，始建年代无考。旧志记载，清康熙年间曾重建三洞，称为虎啸桥。雍正十一年（1733）再度重建，易名永镇聚宝桥。该桥为东西走向的三孔石拱桥。桥长61米，宽2.7米，净跨30.6米，中孔拱矢约7米，两边拱矢均为4米。拱圈石以纵联分节并列式砌置，东西各34级石阶。

Jubao Bridge

Location: Zhangjiabang, Yima Village, Jiaxing City, Zhejiang Province

It is commonly referred to as Three-arch Ring Bridge. Date originally built is unknown. It was rebuilt in the reign of Emperor Kangxi of the Qing Dynasty (1616-1911 A.D.). Emperor Yongzheng of the Qing Dynasty rebuilt it again and gave it the name "Yongzhen Jubao Bridge" .

元夕二首之二

年年异县望乡园，乡里今年赏上元。
罗绮含风灯火乱，烟花拂地叶枝繁。
人如不夜城中坐，曲似钓天乐里翻。
归去若从桥上过，广陵步月未虚言。

——[清] 徐渭

（水粉）1920年　英美烟草公司出品

过嘉兴

三山云海几千里，十幅蒲帆挂烟水。
吴中过客莫思家，江南画船如屋里。
芦芽短短穿碧沙，船头鲤鱼吹浪花。
吴姬荡桨入城去，细雨小寒生绿沙。
我歌水调无人续，江上月凉吹紫竹。
春风一曲鹧鸪吟，花落笃啼满城绿。

——［元］萨都剌

（水彩）1934年　启东烟草股份有限公司出品

嘉兴风光

（浙江　嘉兴）

浙江嘉兴自古以来是江南的鱼米之乡。东临大海、南倚钱塘、北负太湖、西接天目，大运河纵贯境内。河汊曲折，交通阡陌，扼太湖南走廊之咽喉。船和桥是当地生活的人不可弃离之物。

Scenery of Jiaxing

Location: Jiaxing City, Zhejiang Province

Scenery of Jiaxing: Jiaxing is a "land of fish and rice" in south China.

小市

春风小市画桥横，桥北桥南次第行。
绝景惟诗号勍敌，闲愁赖酒作长城。
楼台到处灵与柳，帘幕谁家子晋笙。
薄幕归来渔火闹，放翁自笑欲忘情。

——［宋］陆游

安昌桥

（浙江 绍兴）

安昌桥，相传为五代吴越王钱镠所造。明清老街依河而建，素有“碧水贯街千万居，彩虹跨河十七桥”之称。安昌桥是一座单拱石桥，彼时钱镠任杭州刺史，董昌造反，钱镠率兵至越，生擒董昌，地方得以平安。人们建此桥以纪念大捷。

Anchang Bridge

Location: Ancient Town of Anchang, Shaoxing City, Zhejiang Province

Tradition has it that it was built during the Five Dynasties (907-960 A.D.). It is a single-arch stone bridge.

（水粉）1920年　英美烟草公司出品

融光桥

（浙江　绍兴）

融光桥又名柯桥，宋朝以前修建，而今此桥系明代重修。融光桥是一座半圆型拱桥，高耸雄伟、宛若长虹。桥高10米，宽6米。《嘉泰志》云：“在县西北二十五里，蔡邕避难江南，宿柯亭之馆，取屋椽为笛注柯亭。”因古代桥旁有一融光寺，故称融光桥，与近旁的五丰桥、新柯桥相鼎峙。

Rongguang Bridge

Location: Keqiao Town, Shaoxing City, Zhejiang Province

Also known as Keqiao Bridge, it was built before the Song Dynasty (960-1279 A.D.) and rebuilt in the Ming Dynasty (1368-1644 A.D.). It has a single semicircular arch.

舟中

挟柁柯桥北，维舟草市西。
月添霜气峭，天带斗杓低。
浦冻无鱼跃，林深有鹤栖。
不嫌村酒恶，也复醉如泥。

——〔宋〕陆游

（水粉）1920年　英美烟草公司出品

广宁桥

河梁风月古时秋，不见先生曳杖游。
万叠远青愁对起，一川涨绿泪争流。
——〔明〕朱亢宗

广宁桥

（浙江　绍兴）

广宁桥，始建于南宋高宗以前，一直是个纳凉观景的好去处。该桥全长60米，宽5米，高4.6米，跨径6.1米。24根桥栏柱都雕以倒置荷花，雄健厚实，柱板花纹幽雅大方。桥洞顶拱石上，刻着“鲤鱼跳龙门”等六幅石刻。桥洞拱石上刻有捐资修桥者的姓名。此桥是绍兴现存最长的七折边型石拱桥。

Guangning Bridge

Location: The east of Downtown Shaoxing City, Zhejiang Province

First built in the Southern Song Dynasty (1127-1279 A.D.), it is the longest heptagonal stone arched bridge among the extant bridges in Shaoxing.

（水粉）1920年　英美烟草公司出品

禹会桥

（浙江　绍兴）

禹会桥，南北走向，造型独特，宋时建筑，明清重修。该桥全长14.5米，是座三孔梁式石桥，每孔净跨约三四米，中孔略高。桥面由三块石梁铺成，矩形条石叠砌桥墩，实体素面座栏，两桥堍各有踏垛。这座桥，是通往丝绸名镇华舍的必经之路。

Yuhui Bridge

Location: Shaoxing City, Zhejiang Province

First built in the Song Dynasty (960-1279 A.D.) and rebuilt in the Ming (1368-1644 A.D.) and Qing (1616-1911 A.D.) Dynasties, it is on the only way leading to Huashe, a famous town producing silk.

月夜待家慈近泛霞川之二

禹会桥头江渺然，隔江村店起孤烟。

冷云垂野雪方作，断雁叫群人未眠。

——［清］李慈铭

（水粉）1920年　英美烟草公司出品

月夜待家慈近泛霞川之一

全家阑夜泛轻舠，烛影霞川五里遥。
临水人家花夹岸，笛声吹月满红桥。

——［清］李慈铭

接渡桥

（浙江　绍兴）

接渡桥，为东西向，横跨鸡笼江，为古代交通要道。全桥均匀对称，十分秀丽，与周围环境非常协调。

Jiedu Bridge

Location: Shaoxing City, Zhejiang Province

It is a three-arch stone bridge.

（水粉）1920年　英美烟草公司出品

永济桥

（浙江　绍兴）

永济桥，建于唐代，乃“初唐四家”之一的虞世南所修，济世利民，为后人称道。永济桥是一座五孔石墩石梁桥，远远望去，宛如一柄展开的折尺横卧于宽宽的河水之上。人们为了纪念虞世南，曾在桥边建有虞公祠。

Yongji Bridge

Location: Jidong Town, Shaoxing City, Zhejiang Province

First built in the Tang Dynasty (618-907 A.D.), this five-spabridge was entirely made of stone.

稽东古谚

一刹一祠五台门，永济桥亭泽行人。

宜官驿站上道地，恩科石碑谕圣恩。

——〔清〕佚名

（水粉）1920年　英美烟草公司出品

中兴桥

（浙江　绍兴）

中兴桥，单孔石墩石梁桥的代表。桥墩为条石实砌墩，方型桥拱，上架石板、石壁，是江南“小桥流水人家”的绝妙写照。

Zhongxing Bridge

Location: Heqiao Town, Shaoxing City, Zhejiang Province

It is representative of single span bridges made of stone.

题接待院壁

笙歌凄咽离亭晚，回首高城半掩门。
叠叠远山横翠霭，娟娟新月耿黄昏。
未嫌双橹妨欹枕，自是孤舟易断魂。
遥想柯桥落帆处，隔江微火认渔村。

——［宋］陆游

（水粉）1920年　英美烟草公司出品

宝珠桥

（浙江　绍兴）

宝珠桥原名火珠桥，亦称画桥，明嘉靖年间重修。为绍兴现存桥拱最高的多边型单孔石拱桥，桥长30米，桥宽3.95米。石级桥面，一边有25台级，另一边为24台级。实体桥栏杆，桥下设有纤道，可供穿行。宝珠桥在卧龙山北侧，卧龙山与宝珠桥恰如卧龙戏珠之态。

Baozhu Bridge

Location: Longshan Houjie, Shaoxing City, Zhejiang Province

Originally called Huozhu Bridge, also known as Huaqiao Bridge or Painted Bridge, it is the tallest heptagonal, single-arched stone bridge among the extant bridges in Shaoxing City.

夜宿画桥

千里名桥路，扁舟向晚过。
犬声吠月淡，鸦影背星多。
杨柳垂烟雾，澄波皱绮罗。
寒塘人独宿，渺渺奈愁何。

——［清］刘正谊

（水粉）1920年　英美烟草公司出品

光相桥

（浙江　绍兴）

光相桥，因桥畔原有光相寺而得名。该桥南北向，横跨老城河，系单孔半圆形石拱桥，全长20米，桥宽6米，高4.2米。桥两端置垂带，上设工字形座栏，每边座栏均以六只覆莲望柱相隔、末端置石鼓。石级桥面，两边各有21级，迄今保存完好。

Guangxiang Bridge

Location: Northwest of Shaoxing City, Zhejiang Province

Named after Guangxiang Temple which stood nearby, the bridge was originally built in the Eastern Jin Dynasty (317-420 A.D.) and rebuilt during the reign of Emperor Qianlong of the Qing Dynasty (1616-1911 A.D.). Spanning the Laocheng River from north to south, this stone bridge has a single semicircular arch.

秋晴忆越中光相桥故居

乡心且莫道林泉，即论城居也似仙。
桥市玲珑隔秋水，山亭峭倩出寒烟。
微风岩桂临街宅，落日湖上堰归船。
西寺钟声如旧否，几时红鸟著僧边。

——［清］李慈铭

（水粉）1920年　英美烟草公司出品

秋夕虹桥舟中偶赋

解缆初离小市门，放篙冲破一溪云。
露萤合散自成阵，水鸟飞鸣如觅群。
枫落河疏秋渐老，河倾斗转夜将分。
书生老负功名志，醉里长歌强一欣。

——〔宋〕陆游

（水彩）1934年　启东烟草股份有限公司出品

山阴道上

（浙江　绍兴）

古山阴，与会稽县相邻，因其地处会稽山之阴而得名。历史上素有山阴、会稽两县并设、时分时合的局面。其分界线是贯穿绍兴府南北的府河。依河而上，两岸风光绮丽、古迹邻毗、人文荟萃、风光无限。

Shanyin Path

Location: Shaoxing City, Zhejiang Province

It gets the name due to its location at the shade of Kuaiji Mountain.

普陀太子塔

（浙江　宁波）

普陀山“镇山之宝”的多宝佛塔，建于元朝元统二年（1334），由山僧孚中禅师募资修葺。其间得到元太子宣让王的资助，所以也称“太子塔”。塔原为五层方型，高达32米。台基取材花岗岩，塔身凿龛雕佛，造型别致，气韵古雅，是元代建塔风格的代表作。

Prince's Pagoda on Mount Putuo

Location: Puji Temple, Ningbo City, Zhejiang Province

This was first built in the second year of the Yuantong reign (1334)period of the Yuan Dynasty (1206-1368 A.D.). Its renovation was funded by a prince of the Yuan Dynasty, hence the name.

赞普陀山

脱却恒河选佛场，一拳补怛峙南洋。
峰峦叠翠迎朝旭，烟水苍茫送夕阳。
特降慈云消蜃气，常施法雨现灵光。
从教印作莲花主，石蠡林顽亦惹香。

——[明] 释能仑

（石印）1904年　日本村井兄弟商会社

百梁桥

（浙江　宁波）

百梁桥，始建于北宋元丰元年（1078），是一座七孔木梁石墩廊屋式结构的大桥。其横跨于鄞江上游小溪江上，全长约77米，宽约8米；桥墩用长方形大青石叠成，桥墩两头做成分水尖，以减少水流阻力；桥梁由124根粗大的杉木拼排而成，排排交错，组成桥梁整体骨架，每根杉木口径半米。桥面上建有廊屋楹，现为浙江省文物保护单位。

百梁桥
石墩大木架百樑，通衢大道建屋廊。
风雨不阻远行客，一路春风到汴梁。
——［清］佚名

Bailiang Bridge

Location: Dongqiao Town, Yinzhou District, Ningbo City, Zhejiang Province

First built in 1078 A.D., it is a seven-arch corridor bridge with its seats made of stone and beams of wood.

（水粉）1920年　英美烟草公司出品

游东钱湖

行李萧萧一担秋，浪头始得见渔舟。
晓烟笼树鸦还集，碧水连天鸥自浮。
十字港通霞屿寺，二灵山对月波楼。
于今幸遂归湖愿，长忆当年贺监游。

——[宋] 史浩

（水彩）1934年　启东烟草股份有限公司出品

宁波风光

（浙江　宁波）

宁波，地处长江三角洲南翼，北临杭州湾，西接绍兴，南靠台州，东北与舟山隔海相望。山海相连、壮观瑰丽、舟楫往还、天高云阔，别具一番气象。

Scenery of Ningbo

Location: Ningbo City, Zhejiang Province

Mountains extend to the sea, on which boats came and went busily.

过仙霞关

悬车地外都无地，障日峰端更有峰。
漫道一夫堪守险，开关自昔不曾攻。
——[清] 潘耒

（水彩）1934年　启东烟草股份有限公司出品

仙霞关村外木板桥

（浙江　衢州）

仙霞古道又称浙闽官路，其中的仙霞关旧有“浙闽咽喉”、“东南锁钥”之誉。古道从大南门开始，跨跃须江，经清湖镇至石门镇，穿越江郎乡，到达峡口镇，全程120.5千米，一路河溪如网、板桥如织。这种板桥结构简单，由木凳桩支撑，木桥板架连，随溪蜿蜒，朴实入画。

Plank Floored Bridge

Location: Quzhou City, Zhejiang Province

It is on the ancient path. With simple structure, it is supported by the timber pile and floored by planks.

竹枝词·熟溪

画檐翘角似重楼，重楼镇锁扼路喉。
遥见人从桥下过，恍疑舟向镜中游。

——[清] 佚名

熟溪桥

（浙江　金华）

熟溪桥，南宋开禧三年（1207），武义主薄石宗玉献俸禄，筹资金始建。熟溪桥为重檐歇山顶木结构建筑。桥下石拱石墩支撑，桥身宛如长廊。桥长140米、宽4.8米。桥中楼阁高耸、重檐翘角，甚为壮观。桥屋两侧以桥凳联成，行人可以歇憩其间。历经800年沧桑，风韵不减，堪称“江南一绝”。

Shuxi Bridge

Location: Wuyi County, Jinhua City, Zhejiang Province

Built in the Southern Song Dynasty (1127 A.D.—1279 A.D.), it is a wooden structure with double-eave saddle roof.

（水粉）1920年　英美烟草公司出品

（水彩）1934年　启东烟草股份有限公司出品

谒师诗

海外精兰特特来，青山迎我笑颜开。
三生未朽梅花骨，石上寻思扫绿苔。

——[宋]（日）荣西大师

万年寺

（浙江　台州）

万年寺，唐代大普岸法师所建。南宋日本高僧荣西在此住锡。作为天台山的一大名刹，它的巍峨殿宇和林深木茂的风景，历来为众多文人骚客所青睐，在他们的诗词文赋中都留下许多赞誉之词。1922年重建，后藏经阁等又遭火灾。今仅存大雄宝殿、金刚殿及后殿。

Wannian Temple of Tiantai Mountain

Location: Tiantai County, Zhejiang Province

It was first built in the Tang Dynasty (618-907 A.D.) and rebuilt in 1922.

华顶

峰峦一一插霄汉，涧瀑处处奔虹雷。
华顶最高透天顶，万八千丈青崔嵬。
乘云驭风或可上，我忽到之亦神哉。
游氛豁尽日当午，洞视八表无纤埃。

——［清］潘耒

天台山石梁瀑布

（浙江　台州）

天台山石梁飞瀑，前有一条两丈左右的巨大石梁，横跨在两崖之间，宛若巨蟒。金溪和大兴坑两条溪水，自山顶汇合于此，折跌而下，聚集成一个巨大的浪团，从梁底穿过，坠入几十丈深的幽谷之中，发出震耳欲聋的声音，令人惊心动魄。附近有宋代书法家米芾所题“第一奇观”四字石刻。

Shiliang Falls

Location: Tiantai Mountain, Zhejiang Province

There is a huge stone beam about 6.6 meters long in front of the falls. It spans two cliffs, like a giant python.

（水彩）1934年　启东烟草股份有限公司出品

送人游吴

君到姑苏间，人家皆枕河。
故宫闲地少，水巷小桥多。
夜市卖菱藕，春船载绮罗。
遥知未眠月，乡思在渔歌。

——［唐］杜荀鹤

（水彩）1934年　启东烟草股份有限公司出品

江南桥畔

（浙江）

江南水乡民居多傍河道而筑，故河道被称作“水街”。水街上的桥是连通两岸旱街的纽带，各式桥型亦是水街特有的景观。骑楼是江南传统民居常见的一种模式。它临河沿街，在河沿的廊柱间设有栏杆可依的长条凳，形成一条给住户及路人遮风避雨、歇脚纳凉的通道。桥侧有石阶直触河面，人们可以汲水、淘米洗菜，也可以当成登岸、乘船的小码头。

Side of Bridge in the Region South of the Yangtze River

Location: Jiangsu and Zhejiang Provinces

Bridges over the water street are the tie linking up the two banks of it. Bridges in various styles form the unique landscape of the water street.

烟雨楼

轻烟漠漠雨疏疏，碧瓦朱甍照水隅。
幸有园林依燕第，不妨蓑笠钓鸳湖。
渔歌欸乃声高下，远树溟濛色有无。
徒倚阑干衫袖冷，令人归兴亿莼鲈。

——[宋] 杨万里

（水彩）1934年　启东烟草股份有限公司出品

江南水乡风光

（浙江）

江南水乡很多，最有名的有乌镇、周庄、同里、南浔、西塘等。河道水网交织，古桥相连，构成一幅幅水乡神韵图。人家依水而筑，粉墙黛瓦、雕梁画栋的临水小阁比比皆是。虽历经百年，风姿依旧绰约。

Scenery of Water Town

Location: South of the lower reaches of the Yangtze River

The watercourses crisscross and ancient bridges are connected.

芜湖古塔

（安徽　芜湖）

芜湖古塔，始建于南宋德佑元年（1275）。传说宋朝初年，地藏和尚云游至珩琅山，见山脉蜿蜒、奇曲峥嵘，遂化缘修庙。古塔坐落于珩琅山腰塔子冈。塔底石基面积11.6平方米，高约29米。塔身六面七层，均由大青砖砌就，每层各面均设有圆形拱门，外墙嵌有佛教吉祥图案。清末内阁已毁，外墙也亦残破。塔顶部朝北倾斜，似有欲倒非倒之态，别具一格。

Wuhu Ancient Pagoda

Location: Tazigang, Henglang Mountainside, Wuhu City, Anhui Province

It was built with gray bricks in 1275 A.D.

立春日游赭山

杖策寒初减，登山望更清。
大江烟波动，春鸟渚边鸣。
日带孤帆去，云连古塔平。
浮生车马误，到此愧钟声。

——[清] 宋琬

（水彩）1925年　英美烟草公司出品

登太白楼

昔闻李供奉，长啸独登楼。
此地一垂顾，高名百代留。
白云海色曙，明月天门秋。
欲觅重来者，潺湲济水流。

——〔明〕王世贞

（水彩）1934年　启东烟草股份有限公司出品

太白楼

（安徽　黄山）

太白楼，相传天宝年间，诗人李白访歙县隐士许宣平未遇，失之交臂，后人为了纪念此事，便在李白当年饮酒的地方建起了这座楼。此楼为双层楼阁，挑梁飞檐，为典型徽派建筑，楼内陈列有历代碑刻、古墨迹拓牌、古今名人楹联佳句。

Taibai Building of Shexian County

Location: Shexian County, Anhui Province

It is a two-storied building with upturned eaves, a typical Huizhou-style building.

安庆保俶塔

（安徽　安庆）

安庆保俶塔，与杭州保俶塔一脉相承，又名万佛塔，建于明代隆庆四年（1570），由安庆知府王宗徐主持修建。该塔为楼阁式砖石结构，八角七层，高有60.86米，各层面阔与层高按比例逐层收分，轮廓呈圆锥体形。每层檐角悬以风铎，长风一过，金声玉振，响若天籁。素有“万里长江第一塔”之誉。

Baochu Pagoda

Location: Anqing City, Anhui Province

Also known as Wanfo Pagoda, it was constructed in 1570 A.D. This pavilion-like pagoda is made of brick and stone, hailed as the "No. 1 Pagoda Along the Yangtze River."

立春日游赭山

东有迎江寺，西有大观亭。
吾曹不努力，负此江山灵。

——［清］宋琬

（石印）1904年　日本村井兄弟商会社出品

迎恩桥

（福建 福州）

迎恩桥，原名南安桥，因桥上建亭，亦称南安亭，始建年代不详。清乾隆二年（1737）重修，竣工之日正好有朝廷的恩诏至此，知县沈钟遂将其更名为迎恩桥。桥拱为块石砌为三拱，桥面以卵石铺设。桥长20米，宽4米，桥面至水面高度5.8米。桥亭三开间双坡顶。桥中设有神龛。

Ying'en Bridge

Location: Shuangxi Town, Pingnan County, Fuzhou City, Fujian Province

Its original name was Nan'an Bridge. A pavilion was built on the bridge, hence the name "Nan'an Pavilion." When it was rebuilt in 1737 A.D., its name was changed to Ying'en Bridge.

题南安亭

鸣鸠声里雨初收，罨画溪桥细水流。
担荷纷看趋晓市，犁锄争见及春畴。
柳条风软夭桃绽，竹篠烟微紫蕨抽。
几度迎恩亭下过，又传丹诏出皇洲。

——[清] 沈钟

（水粉）1920年　英美烟草公司出品

绍兴中予初仕为宁德主簿
与同官饮酒食蛎房甚

昔仕闽江日，民淳簿领闲。
同寮飞酒海，小吏擘蚝山。
梦境悠然逝，羸躯独尔顽。
所嗟晨镜里，非复旧朱颜。

——［宋］陆游

(水彩）1934年　启东烟草股份有限公司出品

闽江风光

（福建　福州）

闽江是福建省的第一大江，发源于闽、赣交界的武夷山，由水口镇入福州市境，向东流经闽安峡谷，绕过琅岐岛，分别从长门水道和梅花水道注入台湾海峡。全长530千米，在福州市境内150千米，两岸风光绮丽，如诗如画。

Minjiang River

Location: Fuzhou City, Fujian Province

Of its total length of 530 km, 150 km lie in Fuzhou City.

咏福建南平

廛市因山成，南平势不平。
山围八面绿，水绕二江青。
信国曾开府，黄巢此筑营。
昔传双剑合，今见万家荣。

——郭沫若

南平风景

（福建　南平）

南平，以水为主体，具有丹霞地貌特征，山中有湖，湖中有山。为“汉唐古镇，两宋名城”。奇山异水与人文景观交相辉映，既原始而古朴，又通灵而剔透。山山水水，充满诗情画意。

The Scenery of Nanping

Location: Nanping City, Fujian Province

The town is famous for its lakes in Danxia terrain.

（水彩）1934年　启东烟草股份有限公司出品

（石印）1904年　日本村井兄弟商会社出品

九江能仁寺

舍舟谢水宿，入寺暝色重。
寒城深落叶，古院静鸣钟。
忽上湓浦月，照见匡庐峰。
竹林人不到，我欲试奇踪。

——［明］方汉

能仁塔

（江西　九江）

能仁寺，旧名承天院，始建于南朝梁武帝年间（502—549）。院中有塔巍峨，名为大胜塔，为唐大历年间（766—779）白云端禅师所建。塔为砖石结构，通体呈六角锥状，共七层，高42.26米。每层六面均设门窗，三实三虚。塔内有砖砌梯阶，可以盘旋而上。

Nengren Pagoda

Location: Jiujiang City, Jiangxi Province

Also known as Dasheng Pagoda, it was built during the Dali reign period (766-779 A.D.) of the Tang Dynasty. Made of brick and stone, it is in the shape of a hexagonal cone.

陪李北海宴历下亭

东藩驻皂盖，北渚凌清河。
海右此亭古，济南名士多。
云山已发兴，玉佩仍当歌。
修竹不受暑，交流空涌波。
蕴真惬所遇，落日将如何。
贵贱俱物役，从公难重过。

——[唐] 杜甫

（水彩）1934年　启东烟草股份有限公司出品

大明湖

（山东　济南）

大明湖，为诸泉汇流而成，出小清河入渤海，有“淫雨不涨，久旱不涸”的特点。其园林清幽美丽、堪悦心目。

Daming Lake

Location: North of Ji’nan City, Shandong Province

It has the characteristic that it neither rises after persistent rain nor dries up after a long drought.

洙水桥

（山东　曲阜）

洙水桥，始建年代不详，桥长约6米，宽约25米，桥面拱起。相传，秦始皇“焚书坑儒”，派人在孔子墓前挖了一条“殊水河”，以断孔氏文脉。但事与愿违，孔氏文脉像河中流水，流芳千古、永昭后世。后殊水改为洙水，桥间坊额雕“洙水桥”三字。

Zhushui Bridge

Location: The time of its original construction is not known

North of the archway in front of the Grave of Confucius in Qufu, Shandong.

读封建论致郭老

劝君少骂秦始皇，焚坑事业待商量。
祖龙魂死秦犹在，孔学名高实秕糠。
百代都行秦政法，十批不是好文章。
熟读唐人封建论，莫从子厚返文王。

——毛泽东

（水彩）1924年　英美烟草公司出品

悲哉孔子没

悲哉孔子没，千岁无麒麟。
蚩蚩尽鉏商，此物谁能珍。
汉武得一角，燔烹诬鬼神。
更以铸黄金，传夸後世人。

——[宋] 王安石

（水彩）1934年　启东烟草股份有限公司出品

孔子墓

（山东　曲阜）

孔子墓墓前有巨碑篆刻着“大成至圣文宣王墓”，为明正统八年（1443）黄养正书。20世纪六七十年代墓穴和墓碑均被捣毁。

Grave of Confucius

Location: In the center of the Cemetery of Confucius, Qufu City, Shandong Province

There is a stone platform in front of the temple, with a stone table and stools around it. According to legend, immortals gathered there, so it is also known as “Immortals Gathering Platform”.

东昌府城楼

（山东　聊城）

东昌府城楼，名光岳楼，始建于明洪武七年（1374），系我国现存明代楼阁中最大的一座。东昌府在春秋战国时期就是齐国重邑，明清两代都得益于运河漕运而繁荣，被誉为“江北一都会”。

Dongchangfu Tower

Location: Liaocheng City, Shandong Province

The Guangyue Pavilion in the town was first built in 1374. It is the largest extant pavilion of the Ming Dynasty in China.

东昌府题壁

沧苇遵王士礼居，艺芸精舍四家书。
一齐归入东昌府，深锁嫏嬛饱蠹鱼。

——［清］刘鹗

（水彩）1932年　南洋兄弟烟草公司出品

灵岩塔

（山东　泰安）

灵岩塔，又名辟支塔。始建于宋淳化五年（994），是一座八角九层楼阁式砖塔，塔高55.7米，塔基为石筑的八角型底座，上有浮雕，镌刻有古印度孔雀王朝阿育王皈依佛门的故事。塔身为青砖砌就，各层皆施腰檐，塔内辟有券洞，砌有台阶，游人可以拾级而上，登高远望，江山尽收眼底。

Lingyan Pagoda

Location: The Lingyan Temple, Wande Town at the northwestern foot of the Taishan Mountain, Tai'an City, Shandong Province

This Pagoda, called Pizhi Pagoda, is commonly referred to as Lingyan Pagoda. First built in 994 A.D, it was an octagonal, nine-storeyed, pavilion-like pagoda made of brick.

题灵岩方丈

法定禅房临峭谷，辟支灵塔冠层峦。
轩窗势耸云林合，钟磬声高鸟道盘。
白鹤已飞泉自漫，青龙无迹洞常寒。
更闻雷远相从乐，性迈尘嚣岂可干。

——［宋］曾巩

（石印）1904年　日本村井兄弟商会社出品

岱庙

（山东　泰安）

岱庙，又称东岳庙，创建于汉代，至唐时已殿阁辉煌。是历代帝王举行封禅大典和祭祀泰山神的地方。岱庙城堞高筑、宫阙重叠、庙貌巍峨、气象万千。在宋真宗大举封禅时，又大加拓建，修建天贶殿等，更见规模。

Dai Temple

Location: North of Tai'an District, Shandong

Customarily called Dongyue Temple, it is the place where all previous emperors held grand ceremonies of worship to pray and say thanks for peace and prosperity and worship the God of Taishan Mountain.

岱庙瞻礼作

来因瞻岱宗，岱庙谒诚恭。
封禅事无我，阜安祈为农。
代天敷物育，福国锡时雍。
九叩申虔谢，八旬实罕逢。

——［清］爱新觉罗·弘历

（水彩）1924年　英美烟草公司出品

岱庙大殿

（山东　泰安）

岱庙大殿，名天贶殿，位于泰安泰山南麓，为泰山第一名胜，是历代帝王祭祀泰山的地方。它的建筑规格是仿照古代帝王宫殿的式样，殿为九间，东西长48.9米，南北宽19.17米，高22.3米。规模宏大、富丽堂皇，与北京的太和殿、曲阜的大成殿并称为我国的三大宫殿建筑。

Grand Hall of Dai Temple

Location: Dai Temple, Tai'an City, Shandong Province

Known as Tiankuang Palace, it is the place where all previous emperors sacrificed to Taishan Mountain.

谒岳庙

弼殿崇东国，唯神配极闻。
钟沉汶源水，香和泰山云。
桧柏森灵气，碑铭辨古今。
升阶肃瞻拜，万虑静纷纭。

——[清] 沈德潜

（水彩）1924年　英美烟草公司出品

泰山岱宗坊

（山东　泰安）

泰山岱宗坊，始建于明朝隆庆年间，位于泰山岱庙北门外，是一座四柱三间式古代牌楼，也是泰山东路登山之门户,号称泰山第一坊。坊前分立《重修岱宗坊记》和《重修泰山记》。岱宗坊建筑艺术很高，圆形的脊兽和微微翘起的檐角，增加了坊的流动与飘逸感，前后辅以石柱，借助泰山为背景，更显得严肃庄重。

Daizong Archway

Location: Taishan Mountain, Tai'an City, Shandong Province.

It was built in 1672.

登泰山

风云一举到天关，快意平生有此观。
万古齐州烟九点，五更沧海日三竿。
向来井处方知隘，今后巢居似觉宽。
笑拍红崖咏新作，满空笙鹤下高寒。

——［元］张养浩

（水彩）1924年　英美烟草公司出品

一九六一年夏在岱庙望泰山

蹬道七千级，泰山不算高。
只缘天下小，遂使仲尼骄。
实事唯求是，登临岂惮劳。
人功方峻极，绿化到山椒。

——郭沫若

（水彩）1934年　启东烟草股份有限公司出品

泰山红门宫

（山东　泰安）

泰山红门宫，修建时间无考，现存的建筑为明代天启元年（1621）所建。东临中溪、西靠大藏岭。宫因岭南崖有红石如门而名，庙分东西两院，东为弥勒院，西为红门宫，中由飞云阁相连。院内东厢有穿堂式更衣亭，旧时帝王官宦登山均至此更衣。

Red Gate Palace on Taishan Mountain

Location: Taishan Mountain, Tai'an City, Shandong Province

The current structure was built in 1621.

泰山万仙楼

（山东　泰安）

泰山万仙楼，明万历年间创建，是一座跨道门楼式建筑。殿内原祀王母娘娘，四周配列群仙，后增祀元君。现已无神像，只有明代朝山进香碑63块镶于殿壁四周。门洞东侧有隐真洞，为旧时道人修炼处。门洞后额书“谢恩处”，传说古代帝王登山时，地方官员送驾至此，谢恩而归，或称旧时香客登岱回归至此无恙，即叩谢元君保佑之恩。

Wanxian Pavilion

Location: North of Red Gate Palace on Taishan Mountain, Tai'an, Shandong Province

This gate tower-style building straddling a street was built during the Wanli Period (1563 - 1620) of the Ming Dynasty (1368-1644 A.D.).

泰山吟

泰山一何高，迢迢造天庭。
峻极周已远，曾去郁冥冥。
梁父亦有馆，蒿里亦有亭。
幽涂延万鬼，神房集百灵。
长吟泰山侧，慷慨激楚声。

——［晋］陆机

（水彩）1924年　英美烟草公司出品

泰山一天门

（山东　泰安）

泰山一天门，创建时间无考，红门宫前有三重石坊形若阶梯。最前一座为一天门坊，清康熙五十六年（1717）巡抚李树德重建，两侧有明代人题“天下奇观”及“盘路起工处”大字碑。中为孔子登临处坊。

First Gate of Heaven

Location: Dai Temple, Tai'an City, Shandong Province

Red Gate Road, Daizong Archway, Taishan Mountain, Tai'an City, Shandong City.

一天门

天门初步路非遥，城郭人民似可招。
自是登仙无委巷，野袍山屐任潇潇。

——［明］萧协中

（水彩）1924年　英美烟草公司出品

泰山白鹤泉

（山东　泰安）

泰山白鹤泉，早先吐水突涌，滔滔不绝，味甘清冽，还有一条水渠与山下双龙池相通。泉水从龙口流出，喷珠吐玉，不失为一大景观。山间百姓饮水也大都取于此。宋代有“疏浚白鹤泉，城中能行舟”的记载。清光绪初年，泰安的官员为解决居民饮水问题，在遥参亭前开凿双龙池，修“曹公渠”，每隔50步既留一井。不过，现已泉竭渠闭、徒存虚名了。

White Crane Spring

Location: Taishan Mountain, Tai'an City, Shandong Province

The people living in the mountains in ancient times mostly collected water there. Now the spring has dried up.

送范山人归泰山

鲁客抱白鹤，别余往泰山。
初行若片云，杳在青崖间。
高高至天门，日观近可攀。
云山望不及，此去何时还。

——［唐］李白

（水彩）1924年　英美烟草公司出品

泰山五大夫松

（山东　泰安）

泰山五大夫松，在登岱必经的御帐坪上，原树于明万历三十年（1602）被大水冲没，现有者为清雍正八年（1730）丁皂保补植。按《史记》记载，秦始皇登泰山时，突遇暴风雨，遂避之于大松树下。雨过天晴后，秦始皇以其护驾有功，封松树为五大夫。

大夫松

高节栖灵岳，宁污秦氏官。
天风吹不断，涛卷万峰寒。

——［明］屠隆

Fifth-rank Pine

Location: Taishan Mountain, Tai'an City, Shandong Province

This pine tree on the Yuzhangping ("Imperial Camp Ground") lies on the route to the top of Taishan Mountain. The original tree was carried away by flood during the Wanli Period of the Ming Dynasty (1368-1644 A.D.). The extant one was planted in the eighth year of the Yongzheng Period (1723-1736 A.D.) of the Qing Dynasty (1644-1911 A.D.).

（水彩）1924年　英美烟草公司出品

泰山回马岭

（山东　泰安）

回马岭，据说此名是唐玄宗所赐。开元十三年（725）玄宗骑马登封泰山时至此，因山势高峻陡峭，马不能上，故得名。位于泰山登山中路的中段，壶天阁之上，中天门之下。古名石关、瑞仙岩。建现有石坊一座，额刻“回马岭”三字。

Huimaling Ridge

Location: Taishan Mountain, Tai'an City, Shandong Province

There is a stone ceremonial gateway ("pai-lou") inscribed with "Hui Ma Ling". The name, which means "ridge where the horse turns back", is said to have been given by Tang Emperor Xuanzong (reigned 712 - 756 A.D.).

回马岭

昔人回马驰，进马跋岩崖。

夫子有明训，功毋一篑停。

——［清］爱新觉罗·弘历

（水彩）1924年　英美烟草公司出品

泰山十八盘

（山东　泰安）

泰山登山的石阶有三个“十八”之说。自开山至龙门为“慢十八”，再至升仙坊为“不紧不慢又十八”，又至南天门为“紧十八”，共计1630余阶。紧十八，岩层陡立，倾角七八十度，在不足一里之路，登临陡然升高，是泰山登山盘路中最险要的一段，也是泰山的主要标志。沿途两山挟峙、崖壁如削，盘路镶嵌其间，远远望去，恰似天门云梯。泰山之雄伟，尽在攀登中。

十八盘

拔地五千丈，冲霄十八盘。
径从穷处见，天向隙中观。
重累行如画，孤悬峻若竿。
生平饶胜具，此日骨犹寒。

——［明］祁承爜

Eighteen Mountain Bends of the Taishan Mountain

Location: Taishan Mountain, Tai'an City, Shandong Province

It is the most dangerous section on the way to the top of the Taishan Mountain. It is also the main symbol of Taishan Mountain.

（水彩）1924年　英美烟草公司出品

泰山南天门

（山东　泰安）

南天门亦称“三天门”，位于十八盘尽头，是登山盘道的顶端，坐落在飞龙岩和翔凤岭之间的山口上。由下仰视，犹如天上宫阙。此门距今已有700余年历史，门上有个阁楼，名为摩空阁。南天门东向一里长的平坦道路称作天街。街左，殿宇房舍毗连错落；街右则为万丈深谷。 游人至此，如置身云海之中。

Nantianmen, or South Gate to Heaven

Location: Taishan Mountain, Tai'an City, Shandong Province

This pine tree on the Yuzhangping ("Imperial Camp Ground") lies on the route to the top of Taishan Mountain. The original tree was carried away by flood during the Wanli Period of the Ming Dynasty (1368-1644 A.D.). The extant one was planted in the eighth year of the Yongzheng Period (1723-1736 A.D.) of the Qing Dynasty (1644-1911 A.D.).

南天门

望入天门十二重，翔然飞舞半虚空。
千寻不假钩梯上，一窍惟容箭栝通。
风气荡摩鹏翅外，日光摇漾海波中。
欲求阊阖无人问，但拟彤云是帝宫。

——[明] 陈沂

（水彩）1924年　英美烟草公司出品

丈人峰
泰岳峰头有丈人，苍颜古貌万年身。
群山百万当前立，东帝还须仗老臣。
——[明] 郭正域

泰山丈人峰

（山东　泰安）

泰山丈人峰，亦称丈人石，在泰山顶西边。因为山顶立有奇石，远看石如伛偻老人策仗而立，因之得名。《酉阳杂俎》云："玄宗封泰山，张说为封禅使，女婿郑镒本九品官，封禅后因说骤迁五品，兼赐绯服。玄宗见镒官为腾耀，怪而问之，镒无词以对，黄幡卓曰：此泰山之力也。"后来，人们从此典，称岳父为"泰山"，亦称为丈人。

Zhangren Peak

Location: Taishan Mountain, Tai'an City, Shandong Province

It gets the name Zhangren, literally meaning a man with a cane, from the unique rock on the top of the mountain which looks like an old man with his back bent and leaning on a cane.

（水彩）1924年　英美烟草公司出品

泰山碧霞宫

（山东　泰安）

碧霞宫，始建于宋大中祥符二年（1009），初名昭真祠，金代改称昭真观，明代称碧霞灵佑宫，清乾隆年间改为今名。位于泰山之顶，是泰山女神碧霞元君的祠宇。碧霞元君殿，面宽五楹，重檐八角，殿顶由360垅铜瓦组成，以“象周天之数”，内供碧霞元君鎏金铜像，整组建筑巍峨严整、气势恢宏。远处眺望、白云缭绕、金碧辉煌，宛若天上宫阙。

Bixia Palace

Location: Taishan Mountain, Tai'an City, Shandong Province

It is located on the top of the Taishan Mountain, surrounded by white clouds.

登岳

悦轩临绝顶，悬蹬更迢迢。
谷响松飞接，天空海雾晓。
琳宫环紫极，玉节下青霄。
路指天门外，来迎笙磬遥。

——［明］陈沂

（水彩）1924年　英美烟草公司出品

泰山山顶

（山东　泰安）

岱顶

芙蓉万仞插丹梯，海上群峰莫与齐。
九点青烟看野马，五更红日候天鸡。
云封峭壁松多古，藓积残碑字未迷。
冉冉岭头笙鹤下，仙坛曾此降金泥。

——［清］爱新觉罗·胤祯

泰山奇观有“云海玉盘”、“晚霞夕照”、“黄河金带”、“雾凇雨凇”、“泰山佛光”等，但都要登顶之后才能看到。例如，泰山的日出是极其壮观而动人心魄的。立于泰山之巅，虽然距海有230千米远，但由于泰山的高度和地理位置及光的折射，依然能够看到海上日出。黎明时分，站在山顶举目远眺东方，一线晨曦由灰暗变成淡黄，由淡黄变成橘红，满天彩霞与茫茫云海融为一体；浮光耀金的海面上，日轮掀开了云幕，披着五彩霓裳，喷射出万道霞光，一轮火球跃出水面，腾空而起，足以令人叹为观止。

Top of Taishan Mountain

Location: Tai'an City, Shandong Province

The wonders of the mountain - "Sea of Clouds", "Sunset Glow" and "Golden Belt of Yellow River" can only be admired from the top of the mountain.

（水彩）1924年　英美烟草公司出品

泰山无字碑

（山东　泰安）

无字碑立于泰山山顶玉皇祠门外，为一方柱体，高6米，宽6米，厚0.9米，表面坚硬平滑，无字。《泰山道里记》称：“或曰石表，或曰神主石，或言其下有玉函金检”，“始皇刻石见于史记，二世诏书，亦刻其上。”当地俗谚谓：“秦始皇的碑，一字不赞。”顾炎武则称此碑为应为汉武帝所立。近人郭沫若亦力主此说。前引张佺诗刻在无字碑左侧的石碑上，大字行书，字体俊拔秀丽。

观无字碑一绝

莽荡天风万里吹，玉函金检至今疑。
袖携五色如椽笔，来补秦王无字碑。

——〔明〕张铨

Wordless Stele

Location: Tai'an City, Shandong Province

This tablet without inscription stands outside the gate of Jade Emperor's Temple on the top of Taishan.

（水彩）1924年　英美烟草公司出品

泰山绝顶

（山东　泰安）

泰山绝顶又称玉皇顶，位于碧霞祠北，因峰顶有玉皇庙而得名。玉皇庙位于玉皇顶上，古称太清宫、玉皇观，始建年代无考，明成化年间重修。神龛上匾额题“柴望遗风”，殿前有“极顶石”，几尊裸石被一大圆池围住，标志此处为泰山的最高点。

Summit of the Jade Emperor

Location: Tai'an City, Shandong Province

It was called Peace Peak in the past. Also known as Tianzhu Peak, it is the highest peak of Taishan Mountain.

绝顶观无字碑

域内名山有岱宗，侧身东望一相从。
河流晓挂天门树，海色秋高日观峰。
金箧何人挥汉策，白云千载护秦封。
向来信宿藤萝外，杖底西风万壑钟。

——[明] 张铨

（水彩）1924年　英美烟草公司出品

泰山水帘洞

（山东　泰安）

泰山之“水帘洞”凡有二处，一处位于傲来山下，另一处在斗母宫西北。泉自天绅岩出，《泰山纪胜》载，“山阴洞极阔，容数百人，中有碾硙、几榻，可以避世。盆子曾窃踞其上，俗呼牛王洞。”现溪水上建水坝，引水旁流，这一光景已看不到了。

Water Screen Cave

Location: Tai'an City, Shandong Province

One is found under Aolai Mountain and one to the northwest of Doumu Palace.

题晒经石水帘

晒经石上水帘泉，谁挽银河落半天。
新月控钩朝挂玉，长风吹浪暮疑烟。
梵音溅沫乾还湿，曲涧流云断复连。
选胜具觞恣幽赏，题诗愧乏笔如椽。

——［明］崔应麒

（水彩）1924年　英美烟草公司出品

登泰山

志欲小天下，特来登泰山。

仰望绝顶上，犹有白云还。

——［明］杨继盛

泰山御帐坪

（山东　泰安）

泰山御帐坪，在中天门“快活三里”的“云步桥”。桥东有“酌泉亭”，桥北为“御帐坪”。传说宋真宗登封泰山时，被这里的景致迷住了，曾在石坪上搭帐驻跸，至今柱嵩痕迹犹存。每当夏秋多雨季节，这里瀑流悬空，水花四溅，如垂练千匹，所以又称百丈崖、飞瀑岩。

Yuzhangping Terrace

Location: Tai'an City, Shandong Province

It is said that Emperor Zhenzong of the Song Dynasty (960-1279 A.D.) once put up a tent here to have a rest when he climbed up Taishan Mountain.

（水彩）1924年　英美烟草公司出品

松下看流泉

我寻古松树，爱此岩下泉。
横泻珠帘静，斜飞瀑布悬。
积寒生石发，落日动山烟。
辇道除荒草，长悲封禅年。

——［清］施闰章

（水彩）1924年　英美烟草公司出品

泰山护驾泉瀑布

（山东　泰安）

护驾泉，位于云步桥北、御帐坪之上，又名银河。传说御帐坪为宋真宗封山驻跸之处，坪侧有泉水下泻，形成云桥飞瀑。真宗甚喜之，封为护驾泉。

Water Fall

Location: Tai'an City, Shandong Province

Spring water flows down the side of the terrace, forming a water fall.

泰山经石峪

（山东　泰安）

1961年5月游经石峪留诗

经字大于斗，北齐人所书。
千年风韵在，一亩石坪铺。
阅历久愈久，摧残无代无。
只今逢解放，庶不再模糊。

——郭沫若

经石峪，石坪后依峭壁，壁上刻有“暴石经”三个大字。相传《西游记》唐僧师徒在此晒经。现在能看到的经文一共有1067个字。

Jingshi (Scripture) Valley

Location: Tai'an City, Shandong Province

According to legend, the Monk Tripitaka and his disciples in the Journey to the West dried their wet scriptures in the sun there.

（水彩）1924年　英美烟草公司出品

泰山后石坞

（山东　泰安）

后石坞在泰山山后，从丈人峰北边北去，途经八仙洞、乱石沟，即可在望。这里云海松涛，景致清幽，有独足盘、元君庙、九龙岗诸景点。其地峰险谷深、怪岩挂松、泉溪争流。明代学者吕坤曾在此建避尘桥。

Houshiwu (Rear Rock Basin)

Location: Tai'an City, Shandong Province

It is at the back of Taishan Mountain, where one can appreciate the sea of clouds and pines.

题后石坞

丈人峰下过，青翠万山迷。
仄磴泉流滑，轻阴鸟语低。
山深无客至，石古有人题。
爱坐莲花洞，归云好共栖。

——〔清〕周在建

（水彩）1924年　英美烟草公司出品

泰山大成峡

（山东　泰安）

泰山大成峡在清末民初是一处相当有名的景点，与五岳独尊石、岱宗坊、唐槐院同等重要。但是，现在这处风景已消失得无影无踪了，连泰山博物馆的工作人员都说不清它的所在。据泰山《金周刊》报导，有人曾在一位杜姓大叔家看到一套老明信片，是20世纪二三十年代上海商务印书馆发行的；一共八枚，设计非常精美，是当时的摄影技术和印刷技术的完美结合。其中有一张“大成峡”，杜大叔说他对泰山十分熟悉，但一直找不到这个大成峡在哪里，问了一些老人，也不知这个景点；泰山博物馆也没有相关的资料。无独有偶，本人收藏的这枚烟画“大成峡”，也面临这一问题。今作为“图证”刊印在此，向知道“大成峡”的读者征求更多的信息。

Dacheng Gorge

Location: Tai'an City, Shandong Province

It was a famous scenic spot in the late Qing Dynasty (1644-1911 A.D.) and the early Republic of China (1912-1949 A.D.). Now, it no longer exists.

（水彩）1924年　英美烟草公司出品

游武昌洪山寺

峰头开古寺，塔下俯浮云。
山势龟蛇斗，江流沔汉分。
柳荒陶侃庙，风竟伏波军。
南望湖光白，鸿归渡夕曛。

——［清］施闰章

（钢笔淡彩）1924年　英美烟草公司出品

洪山塔

（湖北　武汉）

洪山塔，原名临济塔，为元代临济寺住持僧缘宬所建，清同治十年（1871）重修时为求永固，将结构改为石檐铁栏，塔下围廊改为八方石阶。塔顶照增高五尺，铸铜1.3万斤结顶。新塔高45.6米，共七级。由基层小圆门入内，拾级盘旋而上，直达顶层。登高远望，武汉三镇景色尽收眼底。

Hongshan Pagoda

Location: Linji Temple, Wuchang District, Wuhan City, Hubei Province

Originally built in the Yuan Dynasty (1206-1368 A.D.), it was rebuilt in the reign of Emperor Tongzhi of the Qing Dynasty (1616-1911 A.D.), with the eaves changed to stone ones and rails to iron.

黄鹤楼

（湖北　武汉）

黄鹤楼，于蛇山之上。蛇山又称黄鹤山，黄鹤楼因之得名。始建于三国时期，以后各代屡毁屡建。仅明清两代就被毁七次、重建和维修了十次，于是有“国运昌则楼运盛”之说。清光绪十年（1884），黄鹤楼为一场大火焚毁。至1985年，新建的黄鹤楼才又屹立在长江之滨。

Yellow Crane Tower in Wuchang

Location: Top of Snake Hill, Wuhan City, Hubei Province

It was first built in the Three Kingdoms period (220-280 A.D.). Later every time it was destroyed, it was rebuilt. It was thoroughly burnt down during the reign of Emperor Guangxu of the Qing Dynasty (1616-1911 A.D.). Present-day tower was built in 1985.

黄鹤楼

昔人已乘黄鹤去，此地空余黄鹤楼。
黄鹤一去不复返，白云千载空悠悠。
晴川历历汉阳树，芳草萋萋鹦鹉洲。
日暮乡关何处是，烟波江上使人愁。

——［唐］崔颢

（水彩）1925年　英美烟草公司出品

峡中佛塔

（湖北　宜昌）

峡中佛塔，立于古叙州、今宜昌古城一侧的长江边丘之上，俗称宝塔，在旧时是宜昌城的标志。相传，此塔为晋代郭景纯所建，所居地势险要峻峭，培地脉、壮文峰、制客山、镇水口。长江水从西陵峡奔流而出，“至此而夷”，直泻荆门。建此塔，为弥补山川形势不足，可与江南的葛道山对峙，形同犄角，更显三峡之壮美。

Buddhist Pagoda by the Three Gorges

Location: Yichang City, Hubei Province

Called Tianran Pagoda, it was built in the Jin Dynasty (265-420 A.D.). It was a landmark of Yichang City in the old days.

腊八日过叙州

碧水丹山好画图，一江金翠影模糊。
连峰细碎通马撒，古塔高标表庆符。
蛮女踏歌愁欲绝，巴舩维缆暮相呼。
题诗真作天涯客，何必淹留笑贾胡。

——［清］张问陶

（钢笔淡彩）1924年　英美烟草公司出品

洪山铁塔

步出城东到上方，棱层古塔老风霜。
三齐自昔多名胜，七级于今再莽苍。
绝顶摩云廻去雁，暮云倚树起鸣螗。
争春惨淡烟光里，蜃气分明出海洋。

——〔明〕许东望

宜昌铁塔

（湖北　宜昌）

宜昌铁塔，原称佛牙舍利塔，北宋嘉祐六年（1061）所铸。塔基用特制青砖砌成，塔身为生铁铸造，共用生铁7.66万斤。塔有双层须弥座，塔身为仿木构楼阁式，八角十三层，高16.7米，形体挺拔纤瘦、稳健玲珑。每层均设腰檐平座，置斗拱出檐，相对四面各设一莲弧门龛，其余四面均铸有供养佛像。二层的四面，还依次铸有塔名、铸塔时间、工匠姓名及有关事迹等。

Yichang Iron Pagoda

Location: Yichang, Hubei Province

Built in 1061, it was originally called the stupa for tooth relic of the Buddha, with its base built of special gray bricks and its body made of iron in imitation of a wooden multi-storeyed pavilion.

（石印）1904年　日本村井兄弟商会社出品

随二友访三游洞

有你有我还有他，三游洞中把圣迓。
三白三苏今何在，江水滔滔颂文华。

——刘大白

（水彩）1924年　英美烟草公司出品

三峡三游洞

（湖北　宜昌）

三峡三游洞，于南津关西陵山上，背靠西陵峡口，面临下牢溪，洞生于绝壁之上，洞室开阔，其形如覆蓬，冬暖夏凉。洞顶之悬石，击之有声，名为天钟；地面之凸石，跺之有声，取名地鼓。先有唐白居易、白行简和元稹三人畅游峡口，后有宋苏洵、苏轼和苏辙三人同游此洞，三游洞即由此而得名。

Sanyou Cave

Location: On the Xiling Mountain at Nanjin Pass to the northwest of Yichang, Hubei

Shaped like an up-turned tent, it is warm in winter and cool in summer inside the wide cave.

兵书宝剑诗

天上阴符定不同，山川终古傲英雄。
奇书未许人间读，我驾云梯欲仰攻。

——［清］张问陶

（水彩）1934年　启东烟草股份有限公司出品

兵书宝剑峡

（湖北　宜昌）

兵书宝剑峡，又名米仓峡。位于长江新滩和香溪之间，长约4000米。远望峡谷北岸，崖石好似一部书的模样，故被传说为三国蜀相诸葛亮的“兵书”。兵书石的下面突起一根上粗下尖，竖直指向江水，酷似一柄宝剑的石头，这是“宝剑石”。这段峡中之峡，被人们称之为“兵书宝剑峡”。

Bingshu Baojian Gorge

Location: Yichang City,Hubei Province
Also known as Micang Gorge, it extends some 4 km

（水彩）1934年　启东烟草股份有限公司出品

登高

风急天高猿啸哀，渚清沙白鸟飞回。
无边落木萧萧下，不尽长江滚滚来。
万里悲秋常作客，百年多病独登台。
艰难苦恨繁霜鬓，潦倒新停浊酒杯。

——［唐］杜甫

三峡风景

（重庆　湖北）

长江三峡，在重庆市和湖北省境内的长江干流上。西起奉节县的白帝城，东至湖北省宜昌南津关，全长192千米，由瞿塘峡、巫峡、西陵峡组成。三峡一带，两岸峭崖壁立，江面紧束，水道曲折多险，舟行峡中，有“石出疑无路，云升别有天”的境界。

Three Gorges River Scene

Location: On the Yangtse River between Chongqing City and Hubei Province

With a total length of 192 km, the Three Gorges is comprised of Qutang Gorge, Wu Gorge and Xiling Gorge.

偈语

菩提本无树，明镜亦非台。
本来无一物，何处惹尘埃。
——〔唐〕慧能法师

（石印）1904年　日本村井兄弟商会社出品

六榕寺花塔

（广东　广州）

六榕寺花塔，又称六榕塔，相传南北朝梁武帝萧衍为供奉扶南佛舍利而建，原称净慧寺舍利宝塔。北宋元符三年（1100），苏东坡经此，见寺内尚存六棵古榕，绿阴匝地、葳蕤繁茂，兴致所至，当即书下“六榕”二字。据说，五祖弘忍曾在此审看弟子作偈，以文前《偈语》选中慧能，并传其衣钵。

Flowery Pagoda

Location: Liurong Temple, Guangzhou, Guangdong Province

Also called Liurong ("Six Banyans") Pagoda, it is said to have been built during the reign of Emperor Wudi of the Liang Kingdom (502-557 A.D.) in the Northern and Southern Dynasties (420-589 A.D.). Su Dongpo, a famous scholar of the Northern Song Dynasty (960-1127 A.D.), made the inscription "Liurong" for it.

越秀山五层塔

（广东　广州）

越秀山五层塔，建于明代初年，为朱元璋下令所修，塔高28米，阔31米，共为五层，外墙逐层向里收减。遥遥望去，似楼似塔、红墙绿瓦、古朴独特。全身呈绛红色，为了辟邪镇王。登上楼顶，远眺珠江水波荡漾、波澜壮阔；近俯云山，羊城锦绣、尽入眼底。

Yuexiushan Five-storeyed Pagoda

Location: Top of Yuexiu Hill, Guangzhou, Guangdong Province

First built in the early Ming Dynasty (1368-1644 A.D.), it resembles both a pagoda and a pavilion in appearance.

九日登镇海楼

清尊须醉曲栏前，飞阁临秋一浩然。
五岭北来峰在地，九州南尽水浮天。
将开菊蕊黄如酒，欲倒松风响似泉。
白首重阳惟有笑，未堪怀古问山川。

——〔清〕陈恭尹

（石印）1904年　日本村井兄弟商会社出品

送龙州樊使君

曾见邛人说，龙州地未深。
碧溪飞白鸟，红旆映青林。
土产唯宜药，王租只贡金。
政成开宴日，谁伴使君吟。

——〔唐〕许棠

龙州风光

（广西　崇左）

龙州与越南接壤，为交通要冲，历史上是兵家必争之地。龙州水路交通方便，境内早就开辟了左江航道，水路客货运输十分繁忙。清政府在龙州设置的海关是广西最早设置的海关。

Scenery of Longzhou

Location: Chongzuo City, Guangxi Province

Longzhou was a communications center. The Qing government established the earliest custom house in Longzhou.

（水彩）1934年　启东烟草股份有限公司出品

（石印）1926年　南洋兄弟烟草公司出品

登石宝寨

清风徐引上高台，愧我幽燕未史才。
树影迷离依水近，波光明灭逐船来。
远山隔岸还无际，落日穿云照几回。
石级层蹭蹬绝顶，一层眺望一徘徊。

——［清］侯若源

石宝寨

（重庆　忠县）

石宝寨，俗有石宝塔之称。相传建于明代万历年间，有僧人见此地佳境绝妙，最适修行，于是借助铁索建寺庙。石宝寨依山耸势，飞檐展翼，通高56米，逐层收缩，楼阁十二层，层层连接。

Shibaozhai Pagoda

Location: Zhong County, Chongqing

It was built during the reign of Emperor Wanli of the Ming Dyna

张飞古庙

（重庆　云阳）

张飞是三国蜀汉名将。传说他在川北良中被叛将杀害后，叛将携了他的头颅去东吴邀功，行至云阳，听得吴蜀议和消息，忙弃头颅逃走。遂有张飞“身在良中，头在云阳”之说。张飞庙依山取势，背卧葱茏古木，俯临浩浩长江，侧伴飞泉幽潭，素有“巴蜀一胜境”之誉。

Zhang Fei's Temple

Location: Yunyang County, Chongqing City

It has long been known as a tourist attraction in Sichuan.

张飞庙

威名垂万古，勇力冠当时。
回首三分国，何人赋黍离。

——〔唐〕殷尧藩

（水彩）1932年　南洋兄弟烟草公司出品

金钱板书头

一道彩虹过长空，税官稳坐桥当中。
从此经过缴铜钿，不缴铜钿路不通。
——［清］佚名

（水彩）1930年　英美烟草公司出品

厘税桥

（重庆　万州）

厘税桥，建在交通要道上，是一座式样奇特的古桥。桥梁陡起于两岸之间，如长虹卧波、惊鸿掠影。桥脊上建有三开间的一处房屋，形式与廊桥不同。据县志载，此屋为地方上的厘税单位，建于要道，便于对过往商贾征收税金。据说如今此桥早已被拆除，详情失考，此图逾见珍贵。

Lishui Bridge

Location: Wanzhou City, Chongqing

on the vital communication road in ancient times, it was dismantled long ago.

公居

公居门馆静，旅寄万州城。
山共秋烟紫，霜并夜月清。
无愁干酒律，有句入诗评。
何必须林下，方驰吏隐名。

——〔唐〕王周

（水彩）1934年　启东烟草股份有限公司出品

万州风景

（重庆　万州）

万州，于长江上游，扼川江咽喉，东临三峡，为水陆要冲。其历史悠久、风景秀丽、名人荟萃，向以“万川毕汇”、“万商毕集”得名。

Scenery of Wanxian County

Location: Wanzhou District, Chongqing

Wanxian County is the land and water communications center in east Sichuan.

（石印）1926年　南洋兄弟烟草公司出品

题北塔

立塔中分势欲离，欲堕不堕势披靡。
经磨历劫千百载，永镇天彭第一奇。

——〔清〕岳钟璜

龙兴寺塔

（四川　成都）

龙兴寺塔，建于梁武帝大同二年（536），供奉释迦牟尼佛骨舍利。由于龙兴寺塔建在松软的冲积层上，且修塔材料不佳，缺乏横向拉力，故明代发生的一次地震后，塔身从中剖裂，垮去了东北一角。清乾隆五十一年（1786）又一次地震波及，塔身中部纵向裂开，形成两峰并立之势，历久如故，时称“天彭破塔千年不堕”，成为四川一大奇观。1986年重建，焕然一新。

Broken Pagoda

Location: Chengdu City, Sichuan Province

Built in 536 A.D., its body split into two peaks existing side by side, leading to the saying "Tianpeng split Pagoda will never fall for a Thousand Years."

题荣县古塔

龙头山势最玲珑，文笔巍然耸太空。
直插云霄疑画日，时挥烟雨逗飞虹。
堂开三教基尤在，寨锁重门气亦雄。
试问科名谁独占，崖边消息已潜通。

——［清］刘德煜

（石印）1925年　南洋兄弟烟草公司出品

荣县古塔

（四川　自贡）

荣县古塔，又名镇南塔，始建于宋代。因为设计科学，结构合理，迄今保存基本完好。塔为砖石构建，外观近似密檐式塔，而实际为楼阁式塔。通高21.6米，塔基为方形须弥座基，塔身层层上收并开有窗龛。旧日逢科考之年，地方学子均到塔前祭拜。

Rongxian Pagoda

Location: Zigong City, Sichuan Province

Built in the Song Dynasty (960-1279 A.D.), called Zhennan ("Pacify the South") Pagoda, it was built brick and stone.

赴昆明车上怀叙永塔院

堂庑恢廓盘餐美，十日栖迟不忆家。
忽报飙轮迎户外，遂教袱被去天涯。
整装众手争俄顷，握别常言乘一哗。
如此匆匆奈何许，登车回首屡长嗟。

——朱自清

（石印）1904年　日本村井兄弟商会社

永县塔

（四川　泸州）

永县塔，于叙永县文庙春秋祠内，院中的主体建筑乐楼，高为五层，飞檐斗角，状似“宝塔”。该塔楼建于清光绪二十六年（1900），以精湛的木雕艺术见称。该塔由当年山西、陕西盐商集资共建而成。祠内供奉“忠义圣君”关羽；部分建筑物为“陕西会馆”，以供商会使用。抗战期间，此祠一度为“西南联大分校”所在。

Yongxian Pagoda

Location: Luzhou City, Sichuan province

Built in 1900 A.D., it was famous for its exquisite wood carvings.

江达道中

插天峭壁耸孱颜，林木丛生石缝间。
不负蛮荒行万里，中华无此好河山。

——［清］斌良

康定巴塘

（四川　雅安）

西康省，简称康，民国时期设置的行省，所辖甘孜、凉山、雅安及西藏东部昌都、林芝地区等，是为藏族聚居地。康巴山高水阔、地僻人稀，而自然风光绝佳，时称“美景甲天下”。

Batang in Kangding, Xikang

Location: Ya'an City, Sichuan Province

With high mountains and broad rivers, the area is remote and sparsely populated.

（水彩）1934年　启东烟草股份有限公司出品